影子银行内幕
下一个次贷危机的源头?
（修订版）

Inside China's Shadow Banking:
The Next Subprime Crisis?

张化桥 著

黎木白 译

中国人民大学出版社
·北京·

序

影子银行：
中国经济新前沿

　　什么是影子银行？不同的人有不同的定义，但有一点是共同的：影子银行代表着传统的银行存贷业务以外的复杂多样的金融行为。

　　从 2008 年到 2009 年，全球金融危机将影子银行推向了风口浪尖。有人甚至将这场危机归咎于影子银行！不管真相如何，毋庸置疑的是，影子银行已经成为我们日常生活中不可或缺的一部分。金融稳定委员会（Financial Stability Board）2011年年底对 26 个主要国家进行调查，结果发现，影子银行的总值已经超过 67 万亿美元。这大致相当于这些国家总资产的 1/4，或它们 GDP 的 2 倍。

　　中国的影子银行基数较低（起步较晚），但增长速度很快，呈指数型增长。2008—2012 年，影子银行的规模扩大了 3 倍，总量高达 20 万亿元，相当于全国 GDP 的 20%。这样的增长趋势看起来无法阻挡。

　　大体上说，中国的影子银行分为三大类。第一类是银行，它们提供多样化的理财产品，包括表内和表外的产品。第二类是非银行金融机构，包括小额信贷公司、担保公司、信托公司、财务公司和租赁公司。第三类是民间借贷，它们主要为中小企业和弱势消费者提供金融服务。

近年来，影子银行的迅猛发展也许得益于中国人民银行的信贷紧缩。但更深层次的原因是，传统银行无法满足中小企业不断增长和复杂多样的金融需求，许多中小企业抱怨传统银行的服务体系僵化且不足，影子银行应运而生。另一方面，影子银行的崛起给传统银行带来了竞争压力，后者必须进行调整以保持市场份额。

尽管如此，影子银行不如传统银行透明，这是有充分理由的。它们受限于多重监管，而且这些监管通常不太完善。行业缺乏标准，产品多种多样。毕竟影子银行从诞生的那一刻起，就有创新的烙印。

在某种程度上说，券商的定位恰好介于传统银行和影子银行之间。更确切地说，它们三者可能各有重叠。作为国内主要券商的国际分支，海通国际证券集团正处于影子银行的最前沿。

张化桥先生在香港的外资投行工作了17年，其中11年在UBS。两年前他决定投身中国小额信贷行业。他的个人经历不仅有趣而且很有教育意义。尽管我们并不完全同意他所有的观点，但我们依然非常高兴地向投资者和海通国际的客户推荐这本书。

林涌
海通国际证券集团董事长

前言
我在中国影子银行的经历

2011 年，我辞去了瑞士银行（UBS）中国区副总经理一职，但我并不是为了寻求更肥更美的职位。相反，我成了一家小小的"影子银行"——万穗小额贷款公司的董事长。

2012 年 1 月，中国小额信贷机构联席会将我选举为"2011年中国小额信贷年度人物"。

我三年前就爱上了小额信贷这个行业。从那时起，我就致力于改进监管中的问题，改变公众对这个行业的看法。我也一直试图改善万穗。在这个过程中，我结交了很多朋友，也树敌不少。

中国影子银行的形式多种多样。影子银行满足了中国经济发展合情合理的需求，它的快速增长是长期受到压制的结果。很多人对这个行业的歧视，伤害了苦苦挣扎的中小企业和底层消费者的利益。

然而，我逐渐感到了厌倦，不再抱有幻想。此外，我开始重新审视大局，是负的真实利率催生了影子银行的快速成长，催生了这 6 000 多家小贷公司、无数的担保公司、民间借贷、地下钱庄以及信托和银行的理财产品。

在过去的二三十年，中国的负利率和信贷失控推波助澜，创造了很大的信贷泡沫。如果不尽快把泡沫缩小和释放，将很有可能引发下一轮全球金融危机。

在过去的三年中，我个人在中国的小额信贷行业投入了大量的时间和金钱。但我还是不知道怎样把小额信贷业务做成一个成功的生意。也许我永远不会成功，但是我想我在这个过程中必须学点什么有用的东西。

张化桥　于香港

E-mail：joe@chinamezz.com

博客：www.blog.sina.com.cn/joezhang33

目录

01

跳进
影子银行

在从九龙开往广州的直达快车上，我收到一位朋友的短信，我跳进小贷行业的消息在网上迅速发酵，十多家网站发布了关于我的新闻……第二天，《经济观察报》用头版和第二版两个整版的篇幅对此做了报道，题名叫做《张化桥"割袍"》……

跳进
影子银行

2011 年 6 月 20 日这一天，骄日炎炎。我走出瑞士银行的办公大楼。我回头仰望香港国际金融中心，感到一种自豪和满足。

我又一次把瑞士银行炒掉了！

这是我第二次放弃这家顶级投行的抢手职位。五年前，即 2006 年 3 月，我辞去了瑞士银行（UBS）中国研究部主管一职，去一家大型国有控股企业——深圳控股有限公司（0604.HK），担任首席运营官。该公司 1997 年就在香港上市，有 1 000 多名员工，在多个城市设有分公司。

深圳控股的董事长和 CEO 给了我非常大的自主权。在我任职的两年半时间里，我们管理团队使这个有点僵化的国企面貌一新。这得益于港股大牛市和我们的积极改革，2006—2008 年公司股票涨了 6 倍。我们果断卖掉了很多非核心业务，包括有线电视、发电厂、收费公路、工厂，只专注于房地产开发。借着股价上涨的良机，我们募集了 3.5 亿美元的新股和数十亿美元的低息长期贷款。

彭博和各大媒体纷纷撰文报道深圳控股的惊人转变，以及我所作的小小贡献。《机构投资者》(Institutional Investor) 杂志甚至为此做了封面报道（2007 年 7 月）。杂志封面是我的照片，文章用了一个搞笑的标题——"张家王朝"（*The Zhang Dynasty*）。

然而，国企的经营难免受到部分的行政干预和社会约束。举例来说，即使有的地方机构臃肿、人浮于事，我们也很难裁员。员工绩效考核基本上就是例行公事，而且国企的决策效率低下。很快，我就发现我无法真正地进行改革，继续待下去可能只是浪费时间而已。

2008 年 9 月底，雷曼兄弟正在破产的时候，我重新被召回UBS，担任投资银行部中国区副总经理，帮助客户通过 IPO和债券融资。UBS 和高盛是仅有的两家在国内资本市场上有全牌照运作的外资银行。这时的 A 股市场，看起来像全球资本市场恐慌中的一块绿洲。我的工作横跨 A 股市场和国际资本市场，此外，我还兼任亚洲房地产部主管。后者看起来似乎更有趣。

抢生意！

然而，外国投行努力摆脱次贷危机的过程步履维艰，监管部门和股东们也都变得更加吹毛求疵。2008 年年底到 2009 年年初，至少是亚洲的投行业，交易量触底反弹。现在回想起来，2009—2011 年这三年，可以算是某种意义上的复苏，或者是虚假的曙光。

投行部的工作与做投行分析师很不一样。老实讲，我不喜欢拉生意，尤其不愿意跟我不太喜欢的人打交道。我对物质生活要求不高，而且我为退休后的生活也做了相当的积蓄。于是，我开始心痒，想再次冒点儿险，去做我真正想做的事情。

我从2010年就开始关注国内迅猛发展的被视为"影子银行"之一的小额信贷业，陆续拜访了一些业内人士并和他们成为了好朋友。什么叫"影子银行"？标准普尔的定义被广为接受：普通银行存贷业务以外的所有金融业务都是"影子银行"，包括银行的理财产品、信托产品、小额贷款、民间借贷和典当等。

我还让UBS保荐一家准备在香港上市的典当行。典当行实际上类似于小额信贷公司，只是前者由公安部和商务部监管，而后者由当地政府金融办监管。

现在，我再次离开UBS，不是另谋高就，而是去担任一家小额信贷公司的董事长。它就是广州万穗小额贷款公司，仅有50多名员工，主要为一些家庭经营的小企业和急需贷款的消费者服务。一般情况下银行都不给它们提供贷款。近年来，小额信贷行业备受关注，不仅仅是因为大众对官僚体制下的传统银行感到失望，还因为穆罕默德·尤努斯（Muhammad Yunus），一位孟加拉的银行家，在该领域的研究工作获得了2006年的诺贝尔和平奖。

不管怎样，当一个公司的董事长是件很酷的事情。在长期

忍受投行工作的折磨并被当作美国次贷危机的罪魁祸首之后，
我们投行的人都多多少少有这样的意淫。

　　讽刺的是，在那个时候，没有人能想到（至少我没有想
到），我可能跳进了下一轮次贷危机的发源地。

成功的侦探

　　在从九龙开往广州的直达快车上，我收到一位朋友的短信，
我跳进小贷行业的消息在网上迅速发酵，十多家网站发布了关
于我的新闻，甚至连路透社和彭博都做了报道。我开始不断接
到朋友和记者的电话。

　　第二天，《经济观察报》用头版和第二版两个整版的篇幅对
此做了报道，题名叫做《张化桥"割袍"》。

　　几乎全香港的报纸都报道了我去"放高利贷"的新闻。我
猜想其他的投行工作人员跳槽可能不会引起媒体如此高度的关
注。媒体之所以对我这般"宠爱"，是因为我在香港工作18年
来积攒了相当的"人气"：一部分源于我在深圳控股大兴改革，
另一部分源于2001—2002年我做证券分析师的时候，揭发了三
起公司诈骗案。其中一家公司是格林柯尔（当年香港上市编号：
8056.HK），在我写了针对它的负面报告之后，它向香港高等
法院起诉我和UBS诽谤。我是香港历史上第一个被起诉的分析
师。这场官司和解以后不到两年，格林柯尔破产，其董事长顾

雏军被捕，以逃税等罪名入狱并被判刑18年。

另一家威胁要起诉我和UBS诽谤的公司是欧亚农业（控股）有限公司（当年香港上市编号：0932.HK）。2001年，我发现它的账目明显夸大，于是在基金经理中广而告之，导致该公司的股价在短短一天内下挫18%。巧得很，欧亚的董事杨斌2002年被委任为朝鲜新义州特区的首任行政长官，也同样被判入狱18年，欧亚于2002年破产。遗憾的是，正义姗姗来迟。在此之前，杨斌和他的亲信曾公开威胁我的人身安全。

从这两件事中，我学会了如何在揭露公司欺诈行为的同时自保。2004年，我发现一家上市的食品公司出现很多异常行为。后来我带不少基金经理去调研这家公司，并表达了我的担心和疑虑，但我没有写公开报告。几年之后，这家食品公司也倒闭了。我一点都不奇怪，因为这在我意料之中啊！

1998年12月，我突然被汇丰证券解雇。在此之前，我担任汇丰证券的中国研究部主管。这源于《南华早报》刊登了我反对中国财政部发行扬基债券的评论。我说，中国财政部准备在1999年年初发行的扬基债券是一个"双输"行动，而汇丰证券和高盛恰恰是该债券的保荐人。

在我看来，媒体铺天盖地地报道我进入小额信贷行业，告诉了我两点：

首先，媒体（和公众）把小贷行业的工作看作失败者的选择，可能只比按摩院或夜总会稍微好一点点。

其次，它们将投行的工作人员，尤其是高管，看成是养尊处优的阔佬，而小额信贷业的工作人员不过是让人瞧不起的穷亲戚。

有趣的是，我很快就发现媒体和公众有可能是对的。或许这再次表明智慧掌握在大多数人手中？

1949 年后，各行各业迅速国有化，更不用说金融领域了。20 世纪 70 年代后期，中国的经济几乎面临破产。80 年代初，政府不得不放松一些不太关键的行业，如制造业、零售业和纺织业等，但政府一直牢牢控制着金融领域，从不放松。

在意识形态上，政府和大众一想到小额信贷和高利率，脑袋里面第一反应就是不道德、危险等贬义词，而且认为这将对主流银行体系造成破坏。政府多年的宣传即使在今天还在影响着大众。经过多年的辩论和小范围的试点，终于在 2008 年，中国人民银行和中国银监会联合发布了《关于小额贷款公司试点的指导意见》，首次正式承认小贷公司的合法地位。

这正是久旱逢甘霖啊，一家家小贷公司如雨后春笋般冒了出来。从 2008 年起，6 000 多家小额信贷公司得到当地政府的批准，得以成立。万穗是广东省首批小额贷款试点单位，广州市第一家小额贷款公司，是信誉良好、管理规范的行业佼佼者。

上任第一天

从九龙登上直达快车，两小时后我就到了广州的火车东站。

万穗的司机小李在车站接我，一小时后，我们就到了位于花都区的万穗办公室。

万穗的办公室整洁明亮，但是简陋得不可思议。只有廉价的桌椅和电脑。我甚至怀疑那些电脑是不是从二手市场买来的，因为它们的品牌和型号各不相同。为了削减开支，会议室甚至连空调都没有。尽管此前我已经来过几次，但我还是很在意这一点，因为广州的夏天非常热，这一天更是如此。

我喜欢万穗的同事们，他们看起来积极上进而且开心。前任董事长蒋晓勤是一位干练优雅的女性，看起来比实际年龄年轻得多，她在 2008 年辞去了交通银行的工作，2009 年年初创立了万穗。蒋女士曾经在江苏省建设银行工作，后来又在广东工作了二十多年，做到佛山分行行长的职位。我在 2010 年两次拜访万穗时都和她见过面。

2011 年 6 月初的一个午夜，蒋女士和万穗总经理于文打电话叫醒了我，告诉我蒋女士身体不适需要静养一段时间。他们邀请我接替蒋女士担任万穗的董事长，并极力劝我第二天到广州详谈。只考虑了一天，我就接受了这份工作。

一年后我才知道，蒋女士卸任背后还有原因，而且，我从未想到一年后还要和她进行激烈的权力斗争。最后，我不得不请她离开，但这并不是我一贯的风格。

02

满怀期望
与荒唐的监管

中国的企业家需要花大量的时间应付监管规则、监管当局和监管人员，忙得疲倦不堪。他们经常在继续干和放弃之间彷徨……他们没有足够的时间、精力和心情思考业务扩展或者产品开发。中国公司如何创新，如何跟美国企业竞争？

满怀期望
与荒唐的监管

与那位荣获诺贝尔和平奖的穆罕默德·尤努斯不同，我是一个"自私自利"的投行人士。虽然我有些理想主义情结，但离开 UBS 的高管职位，跑到万穗担任董事长，我的初衷还是为了在事业上更上一层楼。

我当然也希望能赚到更多的钱，尽管我深知自己要承担很大的风险。我以为我已经深入了解了这个行业，也比绝大多数创业者准备得更充分。

我完全没有经济压力，因为我已经为孩子的教育和自己退休后的生活做了足够的储备。此外，万穗连续两年都经营得很成功，看起来并不像一个很大的赌博。

20 世纪 80 年代，我在中国人民银行总行工作了几年，并一直与之保持着良好的关系。同样重要的是，我的许多朋友和校友现在都在政府部门和金融领域工作，这对小额贷款公司来说是非常重要的资源。

十年前，广州花都还是一个以农业为主的小县城。随着广州新白云机场迁址花都，以及几家汽车公司（包括东风汽车和日产）工厂的建立，花都逐渐繁荣起来。现在，花都占地面积

961 平方公里，有 100 万人口。

虽然万穗是花都唯一一家有政府许可的小额贷款公司，但我们还要和 30 多家银行竞争。这些银行除了存款和企业贷款服务外，已经开始涉足中小企业贷款领域，甚至包括消费金融。事实上，主要的银行在花都有网点。

大的竞争对手还有平安保险集团。平安保险集团在全国范围内销售小额信贷，包括花都。从本质上说，平安是向其合作银行出售信用违约掉期(credit default swap，CDS)。

这种信用违约掉期的运作模式如下（见图 2—1）：平安筛选出合格的客户，向其合作银行（如工商银行）提供担保。工商银行向消费者收取 30% 的年利率，向平安支付 23% 的年利率作为担保金，也就是说，工商银行将 7% 的差额收入囊中。对工商银行来说，这 7% 的收益完全是"零风险"。据说，平安在全国涉及信用违约掉期的贷款金额高达 200 亿元人民币。广州农村商业银行和民生银行也是我们的竞争对手。

图 2—1　信用违约掉期的运作模式

外资银行方面，万穗所在的办公楼里就有一个渣打银行的支行，它们专做小企业的贷款业务。渣打收取的利率比万穗低，但它们对借款人的资格审查也更为严苛。

我最初成为万穗董事长时，按照有关规定，万穗不能在花都以外的区域做业务。但我们并不计较这一点，因为对我们现有的可贷资金和业务能力而言，花都区已经足够大了。

我们在花都区三个比较大的镇里设立了网点，为客户提供服务。公司雇用了50名员工（业内平均每个机构6～8名员工），注册资本为1.5亿元人民币（业内平均为1亿元人民币）。国家开发银行借给我们7 500万元的两年期贷款。相比较而言，大约一半的小额贷款公司都得不到任何银行的融资帮助。

家丑

我认为，在行业内万穗属于管理很不错的公司，但是并非没有问题。

当我加入万穗时，我们给1 700位客户借了钱，平均每笔贷款额为13万元人民币。我们的客户主要是中小企业，消费者金融这块做得很少。

这一平均数字掩盖了两笔大额贷款，均为万穗成立之初（2009年4月）借出去的：一笔为2 000万元人民币，借给了一家养鱼场；另一笔为500万元人民币，借给了一家家具零售商

（广州宏达）。讽刺的是，在我加入万穗一年后，这两家公司都违约了。尽管两笔贷款都有抵押物，但那家养鱼场处理起来非常麻烦。因为这家养鱼场建在花都的郊区，养鱼场的土地又只能用作工业用途，多个债权人不得不奋力争夺这个养鱼场的残值。这只能归咎于糟糕的尽职调查和万穗管理层的乐观预测。

对第二笔拖欠的贷款，我们收回了该公司在花都农村的出租物业，用作万穗的办事处。这两次惨痛的教训迫使万穗专注于小额贷款。

就在我刚加入万穗不久，我私人在武汉和天津各投资了一家小额贷款公司。武汉的管理团队瞒着我给胡德空调公司贷款2 000万元人民币。这是一家规模很小的空调制造厂商，胡德空调吹嘘它的所谓环保空调，并夸下海口说它正在国内A股排队等着IPO。

武汉的管理团队竟然决定以非常优惠的利率给胡德空借调了一笔长达两年的贷款。对胡德空调来说自然是很划算的交易，但对武汉的小额贷款公司而言，却意味着非常高的代价和风险，太不划算了。

半年以后，我才知道有这样一笔贷款。令人吃惊的是，武汉的两位高管竟然私下接受了胡德空调的股票期权。一旦胡德空调上市，他们将获得可观的利润，这明显影响了他们的贷款决策。

我非常生气，对他们两人进行了警告，并告诉他们什么叫作利益冲突和不正当行为，要求他们收回贷款。万幸的是，胡德空调正好从银行那里借到了更大的一笔贷款，于是按期给武汉的小额贷款公司还了钱。2012 年年中，贷款召回不久，胡德空调的情况恶化，IPO 计划也搁置了。真是好险啊！

事后，我们总结，发现在给胡德空调贷款这件事情上，各个环节都出了问题。首先，管理层有个人利益和公司利益的冲突。两年期的贷款利率仅有 6%，远远低于小额贷款公司的平均 20% ~ 24%。借款期长达两年，明显长于小额贷款公司的平均 6 ~ 9 个月。

其次，我们的信用审核工作人员太把胡德空调的上市计划当一回事了。中国二十余年 IPO 盛宴，让大家产生了“上市很容易，上市就是赚大钱”的错觉。事实上，许多一心要上市的企业都没能坚持到上市，它们在这条路上纷纷倒下，流血到死。

此外，这种依靠单一产品制造、行业产能又过剩的经营模式通常都是有缺陷的。它们需要不断地投入新的资金。换句话说，它们需要不断地投入研发，搞越来越多的市场营销，一旦它们不这样做，企业就会萎缩下去。它们的现金流很成问题，更不用说自由现金流了。

2011 年 8 月，也就是武汉的小额贷款公司借款给胡德空调的时候，胡德空调的杠杆比率已经高达 80% 并持续上升。武汉的工作人员错把胡德空调的热情、勤奋和口头承诺当成了公司美好前景的证据，而忽视了公司盈利模式本身的问题。巴菲特

说过："当一个卓越的管理者遇到一个糟糕的行业，往往是后者占了上风。"

2011 年 9 月，蒋女士希望重回万穗，她说自己已经完全康复。考虑到她是公司的创始人，也有着丰富的经验，我同意了。她希望和万穗的总经理于文相互监督和制衡，我认为这个主意不错，并为她生造了一个职位（首席运营官）。我让她和于文均有签字权。

小而精的万穗

小额贷款公司可以向客户收取 4 倍于法定借款利率的利息，即 24% 的年利率（银行法定借款利率大约为 6%）。一些公司还绕过监管规定收取额外的手续费，但是万穗从不这样做。我们认为 24% 的利率已经够高了，更高的利率只会带来更高的风险。在 2012 年的前半年里，由于贷款需求疲软，我们有意识地降低了贷款利率。

蒋女士和她的团队并不是没有野心。尽管有的操作不尽如人意，但他们确实做了不少努力。从成立的第一天起（2009 年 3 月），万穗的账目就由京都天华会计师事务所进行审计，它的审计费比当地一般的审计公司要高得多。2009 年，万穗盈利 500 万元人民币；2010 年，盈利增至 1 900 万元人民币。2011

年，盈利已经高达 2 500 万元人民币。不过，这些盈利的前提是没有计提足够的坏账准备。2012 年，万穗计提了 800 万元的坏账损失，此外还计提了 250 万元的一般坏账准备。如果税务部门允许的话，不良贷款核销也许可以冲掉万穗更多的净利润。

我们 2012 年的财务数据如下：

平均贷款余额：2.3 亿元

收入：6 900 万元

5.56% 的营业税和附加费（380 万元）

55 个员工的人力成本（1 200 万元）

2% 的坏账计提比率，房租、办公等费用（500 万元）

25% 的企业所得税（860 万元）

净利润：2 600 万元

净资产收益率（ROE）：17% 左右

在大多数省份，监管部门都有一条奇怪的规定，不允许小额贷款公司留存未分配利润。因此，小贷公司必须将所有利润都分给股东。我当然喜欢分红，但是这样一来，小贷公司永远无法发展壮大，除非它们通过烦琐且耗时的程序去增加注册资本。

和其他的行业一样，有时在中国做事情不容易。无论是更改小贷公司的注册资本、开设分支机构、改变股东架构还是取得税收优惠，有些情况下需要去公关某些监管部门，同它们搞好关系。有几次在和这些政府官员争论监管规定的不合理性时，我真的失去了耐心。我觉得他们中的某些人不愿意为普通的老百姓做任何事。个别政府官员还会妒忌商人，故意给他们找麻烦，有的人甚至通过不正当手段来牟利。

　　不要混淆地方政府的金融办公室和财政局，后者可是负责政府的财政预算的。长期以来，金融办公室都在一个不起眼的位置，一般都负责一些无关紧要的事情，比如给政府官员起草报告，协调银行、保险公司、基金公司和证券公司之间的一些小事。而这些金融机构的监管权都归中央政府下属的部门所有。

　　2008 年，地方政府的金融办公室突然走运了，突然可以审批和监管小额贷款行业了！这项"权力"当然要好好利用。就像一位小额信贷公司的经理半开玩笑说的："2008 年，这些官员突然把他们的办公室搬到了高尔夫球场。"

　　可能我真的不是当董事长的料，因为我从不打高尔夫球，也从不带人去 KTV 娱乐。我所能做的就是请这些官员吃一个普通的午餐或晚餐。这是我在外资银行工作 20 年来养成的习惯。我在各种场合向万穗的员工说："如果你所做的事情明天被登在报纸上你都不会感到难堪的话，那么就去做吧。否则，请三思。"

　　在今天这样鱼龙混杂的商业圈里，我不知道我的想法有多少能真正传递给我的同事。

无动于衷的监管部门

万穗的注册资本是 1.5 亿元人民币，监管部门只允许我们从银行借款，而且借款额不能超过注册资本的 50%，此外不准我们吸收存款或从银行间市场等其他来源借款。这对我们来说太不公平了。想想看银行的杠杆率，以及租赁公司和担保公司的杠杆率上限（均为 10 倍）。即使是信用社的杠杆率都有一个宽松的上限。我们被这样严苛地对待，是因为我们地位卑微啊！要知道，2008 年以前我们是非法的。

我不想随随便便放弃。凭借媒体的影响力和政府、银行业的人脉，我不断游说，希望政府为经济发展和我们弱势的客户着想，放松这一限制。

然而，你难以想象小额信贷的监管部门——或许是所有的监管部门，有多么低效。举例来说，小额贷款企业上面有三层监管部门——区发改委、市金融办公室、省金融办公室。它们经常会否决各种大小事情，或者无限期拖延。我们就经常在它们之间来回奔波、进退两难。如果我们想做点事，比如开个分支机构或是更改少数股东的持股比例，我们都需要向区政府、市政府还有省政府一一申请。如果你不打太极、多做做深呼吸的话，恐怕早就失去耐心了。

我之所以投身小额信贷业，原因之一恰恰是我知道监管部门管得太严、太多。监管的触角还能伸得再长些，管得再严些吗？我的风险是什么？我认为这么严苛的管理不可能持续，一旦有所放松，我们就会迎来蓬勃发展的机会。

然而，我低估了某些人的低效和无动于衷。

我去见一位监管部门的官员，游说他把我们放贷的规模从0.5倍注册资本提高到1倍。我们花了很多时间来讨论其他地区的规定和重庆的放松试点，都认为相关的风险是可控的。结果他突然说出一句话噎了我半天："你不就是想多赚点钱吗？小贷公司已经够赚钱的了！你还想赚多少？"我非常郁闷："赚钱有什么错吗？我是商人！只有赚了钱，我们才可以帮助更多的客户，创造更多的就业！"他生气地说："那是你的事！我有我的事要做，我做不了这个决定。"

我不得不一次又一次进行这样的谈话，承受类似的打击。

2012年1月8日，我作为一个嘉宾，在中国小额信贷机构联席会举办的年会上说"我们搬起石头砸自己的脚"，这让有些听众很不爽，尤其是那些刚刚授予我"小额信贷年度人物"的官员。

在茶歇的时候，一位好心的朋友告诉我，这些观点"自己保留"就好了。她说，中国是一个有五千年历史的国家，如果你认为你几个月或者几年就能改变什么，你就太幼稚了。我只好叹叹气，和她聊了聊我遇到的其他挫折。

那天下午，我还要去中国人民银行研究生部给学生们做演讲，话题就是小额信贷行业。1983—1986年，我在那里读书，

毕业后，我到中国人民银行总行工作。回到母校的小校园，总是感觉格外温馨。但是那天我有点烦躁，我对学生们说："1986年，我从五道口毕业时的论文标题是'中国利率自由化的途径'。现在26年过去了，你们还在用同样的标题做毕业论文。真好！80年代的时候，政府让我们误以为五年就可以实现利率（和汇率）的自由化。但现实是，这个五年不断延续。"

就业机会与监管

2015年，中国有超过700万名大学生需要就业。明年后年，数额会更大。当然，中学生的就业问题以及失业者的再就业问题更加严重。

2011年，我在广东注册了一家公司，前后浪费了两个月的时间。我的小算盘本来是投资咨询，再走一步看一步。我在深圳和香港租用了办公室，开始招聘员工，但是，我的耐心很快就被耗尽了。2012年，我把它关掉了。我也把设在重庆的投资公司关掉了，耗费不菲。虽然我设立公司的目的不是创造就业，但是，这两家公司如果没有夭折，本来是可以雇用几十号人的。我知道的类似的故事太多了。

我做了两年的小额贷款。我最强烈的感受是，问题虽然在官员和监管部门，但是大众的懵懂更可怕。今天和明天，中国的各种问题都是咱们自己的脑袋造成的。不要怪罪欧美国家，也不要怪罪历史。

中国的企业家需要花大量的时间应付监管规则、监管当局和监管人员，忙得疲倦不堪。他们经常在继续干和放弃之间彷徨。当然，也由于高昂的监管成本，他们没有足够的时间、精力和心情思考业务扩展或者产品开发。中国公司如何创新，如何跟美国企业竞争？

中国 6 000 家小贷公司中，多数过得十分艰难。这正合官员和老百姓的口味："你们这些黑心肠的高利贷者，赚那么多钱干什么？"

除非你本人失业，或者你的子女失业，你完全不用为中国的就业问题操心。就像大街上的流氓欺负弱女一样，咱们躲开为妙。也就像在地铁里老人上车时，你不想让座位。你只需要把视线躲开就行。其实，中国本来就没有失业问题，只有"待业"问题。眼睛朝别处看吧！

西班牙的失业率 25%，印度的失业率也比中国更高。乌干达？就更不要提了。所以，中国的问题不大。中国人口口声声反对内耗，但是，过度的监管就是最大的内耗！它把大量的企业家变成了投机钻营的"政治企业家"，天天想的是怎样进入人大、政协，而不是怎样创新。

因为大家根本不想解决失业问题，所以，我也不想提供任何建议。不过我有一个想法，既然公务员队伍已经膨胀，如果再增加 3 亿～4 亿公务员名额，岂不是更好？还可以创造上万

个工作职位……

2008 年，我发表了一篇文章——"中国股民为什么特别多"。原因就是展业无门、就业无路和一些行业监管过度的经济制度。

像 PE 投资者一样放贷

在万穗，我们用私募股权基金（private equity，PE）投资的方法来放贷。我们专注于企业贷款而不是消费金融，所以很重视对现金流的分析和预测。

举例来说，如果你来到万穗，说想借钱去南非玩一趟，即使你拿一栋房子作抵押，我们也会请你移步其他公司。万穗的经营方式和其他公司完全不同。我们并不是坐在办公室里等客户自己上门，而是每个员工负责三五条街道或小村庄，主动出击，去拜访潜在客户。在客户上门借贷之前，我们已经对他们做了不错的尽职调查了。

我们认为客户体验很重要。我们非常欢迎回头客和客户推荐来的客户。因为对万穗来说，借钱给回头客，能大大降低我们的评估成本。正如我们在业务中所学到的，随便走进来急着借钱的客户，往往信誉都不太好。

对 30 万元人民币以上的贷款，我们要求抵押物（通常必须是房地产或是工厂、企业的所有权）；对 30 万元以下的贷款，我们则要求有担保人（该担保人需要拥有房地产或稳定的高收入）。

但相对于抵押物和担保而言，我们更看重现金流。因为，如果一笔贷款最终需要靠抵押物或担保人来偿还，这已经说明我们的信用评估是失败的。

三件大事

除了前面提到的游说监管部门提高我们的杠杆率上限外，还有三件大事是我首先想做的。

（1）成为银行的放贷助手：做助贷

我了解到国内一些银行已经在深圳、上海等城市与小额贷款公司合作。万穗希望能够复制这种模式。成为银行的放贷助手，能显著提高我们的放贷能力，因为这从某种程度上绕过了杠杆率的限制，可以大幅提高我们的盈利能力。

（2）贷款证券化

对小额贷款公司来说，当贷款总量达到一定规模、贷款资金已经基本用完时，就可以将贷款打包卖给银行。

从本质上说，这意味着小额贷款公司在重复地出售服务，盈利能力相应地明显提高。一些银行已经和小贷公司进行了类似合作。万穗希望能够复制它们的模式。

（3）合约管理：代管

我们相信万穗的管理经验对于小额贷款行业来说是非常有价值的。在小额贷款这一行，很多人认为借几笔大额贷款比借

很多笔小额贷款要容易得多、省事儿。万穗走了许多弯路才明白，小额贷款不仅更安全，也更有利可图，对社会发展也更有意义。

在我加入万穗前，一些小额信贷公司就在请万穗帮忙管理它们的业务。2011年年底，万穗派了三名很有经验的工作人员到常德市，去帮忙管理湖南双鑫小额贷款公司。该公司是国有企业，注册资本为2亿元。这充分说明了我们的实力，也表明了这种模式是有需求的。

多年来，万穗一直想转型为村镇银行，因为这样一来，我们就能吸收存款了。但是，通过和监管机构痛苦的交往过程，我们感觉万穗还是保持现状比较好，否则我们又要受到银监会的监管了。

雷声大雨点小

国内银行深知农业和中小企业的重要性，但是银行基本上不给它们贷款。自由市场的贷款利率比银行基准利率高5～7倍，这恰恰说明了银行的低效和不作为。为什么银行不给中小企业和农业借钱呢？我相信这是所有权、公司治理和管理等造成的问题。农民和中小企业抱怨银行体制太僵化（它们的贷款评估拖沓费时）、要求太苛刻（对抵押物、贷款额度和各种文件都有严格规定），而且不愿意惹麻烦（所以大家都给铁道部借钱，因为铁道部不还钱它们也不用承担责任）。只要信贷一紧缩，银行首先就减少对农业和中小企业的贷款。这些弱势客户深受其害。

利率不是关键问题

经常有人问这个问题：一个普通的企业，能够承担 26% 的高利率吗？

你知道吗？ PE 基金、对冲基金和投行一般要求项目的内部回报率在 25% 以上。这么高的要求，它们还是找得到项目。事实上，它们经常项目多得挑花眼。如果它们的投资规模变得小一些，可选的项目会更多，简直到处都是客户。小额的贷款不仅安全，而且更有利可图，尤其是像万穗一样，和回头客做生意。

也可以想想这个，一般银行对信用卡逾期收取的利率高达 20% ~ 40%，在利率这么高的情况下，它们都从不缺少客户。

万穗的客户大多数是被银行忽视的小企业。对这些小企业而言，万穗通常是唯一的选择。因此，问题的关键不在利率，而是能不能顺利借到钱。如果我们向客户收取 25% 的年利率，而他们每年可以把这些钱周转 3 ~ 4 次，他们就会认为这利率还是很划算的，尤其是考虑到向银行贷款要经过烦琐的程序和漫长的等待，还要花额外的费用（比如回扣），最后还不知道能不能批下来。

03

求助
路漫漫

小额信贷业给中国经济做出了巨大的贡献，但是从业人员都不敢承认自己是这个行业的，这太不公平了！立马，我就成为小额信贷行业无可争议的代言人，我为 6 000 家小额信贷公司奔走呼号、摇旗呐喊。

03

求助
路漫漫

刚到万穗的那几周，我忙着熟悉公司的员工和业务。同事们把我当成了明星，他们有的还读过我的书《一个证券分析师的醒悟：张化桥的股市真话》。媒体对我铺天盖地的报道让大家都很兴奋。

明星来了

在那段时间里，我花了很多时间来应付媒体以及三教九流的好奇人士，包括银行工作人员、PE 投资者、学术专家、政府官员和竞争对手，等等。

值得一提的是两类来访者：一类是来自外地的政府官员，另一类就是小额信贷业内人士。前者主要和我讨论政策问题，核心是如何更好地发展和监管小贷行业，有的还邀请我到他们那里成立小贷公司。后者主要是小贷公司的高管或正考虑投资小贷公司的人。他们对我这样一个投行高管的加入感到既好奇又高兴，因为我使得媒体对小贷行业的关注度骤然上升。

我带着他们参观万穗简陋的办公室（我认为这很酷！），甚至邀请他们在没有空调、闷热难耐的会议室里共进午餐（当然是三明治、比萨饼）。有几次，我特意带着来访的银行和 PE 人士到我下榻的小酒店（新东豪）就餐。不得不说，我感到很自豪，甚至像打了鸡血一样兴奋。我告诉他们这是我 20 年来第一次住在经济型酒店，要知道在投行工作住的都是五星级酒店。我感到好极了！

我像个明星一样，频繁受邀在各种会议上作报告。我写的博客《为高利贷平反昭雪》激情飞扬，被无数的报纸和网站报道或转载，吸引了数百万读者。在这篇文章中，我谈到了中国银行的低效率以及给弱势客户贷款的重要性。文中我强烈抨击了政府和民众对于小额信贷行业的歧视。小额信贷业给中国经济做出了巨大的贡献，但是从业人员都不敢承认自己是这个行业的，这太不公平了！立马，我就成为小额信贷行业无可争议的代言人，我为 6 000 家小额信贷公司奔走呼号、摇旗呐喊。

更重要的是，还有很多没有拿到牌照的相关单位和人士也感到非常高兴，终于有人肯出来为他们说话了，而且还是比较有影响力的！

下九流的代言人

近年来，政府开始允许私人之间互相借钱，前提是不许吸收存款，也不允许向超过 50 个单位和人士融资。然而，没有牌照的个人或法人在融资的时候还是面临非常多的监管风险，主要是不确定性。几年前，轰动中国的"吴英案"就是典型的例子。吴英是浙江的一个年轻女企业家，她的融资超过了50个实体的限制，而且非常不幸的是她的资金链断裂了。最后，吴英因为融资诈骗案一审被判处死刑。吴英不服一审判决，提起上诉，2012年5月，她被浙江省高级法院改判为死缓。这个案子前后长达数年，引起了激烈的争论。

或许是因为我的演讲和博客有一定的影响力，2012年4月，我受邀到北京大学做了小额信贷的专题报告。2012年9月，我被聘为全国工商业联合会中小企业金融专家，还在全国工商业联合会举办的会议上发言。

经过几个星期和媒体的蜜月期，我必须沉下心来做具体业务了，有两件事非常重要。

第一，我要说服一家银行让万穗做它的小额贷款中介。第二，我必须想办法把我们的贷款证券化，因为我们实在不能指望监管机构很快就放松对杠杆率的限制。

我迅速展开行动。首先，我列出将要拜访的银行负责人名单。2011年6月，我拜访了卢新，他是一家大银行的副总裁。卢新和我是中国人民银行研究生部的校友，有一段时间我们经常一起在学校打篮球。他早就从网上看到了我转行的消息，对我的宏伟计划也很好奇。不过，他说他并不直接负责中小企业贷款业务，他建议我和该银行的广州支行联系。毕竟，对于大银行的体量来说，小额贷款业务简直可以忽略不计。虽然我们相谈甚欢，尤其是聊起共同的朋友，大家都很开心，但是我能感觉出来他并不是很在意小额贷款业务。几周后，在香港的一次校友会上，我又遇到卢新并和他谈起这个事情，但很快就淹没在其他话题中。这个事后来就没有消息了。

我的第二站是拜访时任招商银行行长的马蔚华先生。63岁的马先生很有个人魅力，在国内名气很大。20世纪80年代，我们曾一起在中国人民银行总行工作。他当时是中国人民银行行长李贵鲜的助理，而我是一名主任科员。好几次，马先生还让我帮李行长写发言稿的草稿。我很喜欢马先生，也非常尊敬他。我在UBS工作期间，没有负责金融板块，因此除了酒会之外很少见到马先生。

马先生见到我很高兴，他慷慨地给了我很长的会面时间。我带上了万穗的总经理于文参加会谈，而马先生也让招行的个人金融部和机构金融部总经理、其他几个部门的副总经理参加会议。马先生当天心情很好，说我放弃投行是勇气和智慧的体现，表扬我在为社会做有意义的事情。两年前，招商银行发布了"千鹰展翼计划"，主要是帮助中小企业、创新型企业。显然招行也非常重视小额信贷的机会。我们会谈了一小时左右，午餐时间又聊了差不多两小时。之后，我和于文都有点疲倦但是非常兴奋，我们认为招商银行就是我们的突破口！招行是国内仅有的两家真正下决心做中小企业贷款和消费者金融的银行

（另外一家是民生银行），如果招行愿意支持我们，万穗的业务能力将得到极大的提升。

屡败屡战

我的第三站是去北京拜访民生银行行长洪崎，民生可能是国内在中小企业贷款方面做得最好的银行。洪崎也是我在中国人民银行的老同事，离开中国人民银行后我们一直都有联系。民生的贷款业务是按照行业分类的，他们有行业专家来支持各行各业的中小企业贷款（比如餐饮、纺织、半导体、钢铁等）。他们有些支行甚至专门做中小企业贷款。例如在广州，民生就经常抢走万穗的客户，因为它的贷款决策快、贷款利率低。（它的资金成本比万穗可低多了！）

民生银行在很多地方的中小企业贷款都做得非常好，事实上，这已经变成民生的特色。因此，洪崎说他们不需要外部的帮手。这也容易理解。

虽然没能和民生银行达成合作，但是通过与洪崎和民生银行一些经理的会谈，我知道他们在小额贷款方面做得的确非常好。不能合作，我至少可以成为民生的股东啊！就像他们说的，如果你不能打败他们，就加入他们吧！我很快就买了很多民生银行的 H 股（1988.HK）。

考虑到民生银行的快速发展和他们极低的存款利率，我认为它的低估值不会持续太久。在瑞银做了 8 年的分析师，又做了 3 年的投行业务之后，我对它有足够的信心。果然，在 2011— 2012 年，我从这只股票上获利颇丰。至今我还持有一些它的股票，我坚信民生银行将是长跑冠军。

另外一家我有十足信心的银行是重庆农村商业银行 (3618.HK)。2012 年，我想从重庆 60 多家小额信贷公司中找一个投资标的，当时经常接触到重庆农村商业银行的信贷经理。后来，虽然我没有找到合适的投资标的，但是我喜欢上了这家银行。正如我所看到的，好的银行相对小额信贷公司来说优势太明显了。银行有大量的支行网点和存款基础，大家对银行的信任度又很高。客户从一家银行转到另一家银行的成本是比较高的。银行拥有很多高质量而且黏性很高的客户，如果它们自己不犯大错误的话，别人很难打败它们。用巴菲特的话来说，银行的护城河又宽又深。

我买了很多重庆农村商业银行的股票，2012 年上半年，它的股价大跌了 1/3 还多。但是我继续持有该股票，现在它又恢复到之前的价格。这是我另一只长期持有的股票。业务这么好同时估值这么有吸引力的公司实在不可多得！

此后我还去拜访了很多其他银行，比如杭州银行、宁波银行、广州农村商业银行、晋城银行和开发银行等。不管我们说什么，没有一家银行愿意和我们合作，它们要么是不太想做这块业务，要么是不想冒风险找个外面的人帮它们放贷款。有些银行只是想装装样子，做点政绩工程，看起来好像在中小企业贷款方面做了点事情，但其实它们根本不想做，也没有能力做。因此有些银行希望我们把贷款证券化以后卖给它们。但问题是我们的贷款总额只有 2.3 亿元，规模太小了。于是它们提出，万穗能不能帮忙从其他地方买小额贷款资产？这里有个关键问题——谁来保证这些资金的还款呢？这个模式看起来不太可行。

既然招商银行是唯一愿意让我们成为它贷款中介的银行，那就让我们开始敲定具体的细节吧！

在马行长的支持下，我们选择了招行广州的天润支行来谈具体的合作。2011 年 8 月，该支行行长冯俊雄和一位高级经理到万穗做尽职调查。他们非常满意，估计之前对万穗的表现也有所耳闻。或许和马行长的关照也有关系吧，他们两位很友好。我也很喜欢他们，做事直来直去、干净利落。

一个下午，我和他们在办公室开会开到很晚，他们请我一起吃晚饭。因为我的家人都在香港，我在广州很自由，因此我欣然接受。但突然我脑子里闪过一个念头，银行工作人员的工作其实四处奔波（我在投行的时候也差不多），很少有时间陪家人吃晚饭。当我们快到餐馆的时候，我改变了主意。我坚持要取消晚餐，我对他们说："我真心希望你们回去陪家人吃饭，请把这当成兄弟的心意。"他们领会了我的意思，对此表示感谢。

过去十年来，银行从业人员的待遇飙升，同时飙升的还有工作压力。像冯行长一样的支行行长有几十项考核指标（KPI）。比如，他们需要满足存款、贷款、坏账率、利差、员工流动率、新开户数、理财产品销售额等诸多指标。除了要应对同行的激烈竞争，他们还要把很多人服侍得很舒服，比如企业高管、政府官员、监管人员等。

有一次，我还了解到一位行长同时参加两个饭局。他在同一家餐馆的两个房间里招待两拨客人。据我所知，这种现象在中国的官员和商人中是司空见惯的。

虽然冯行长他们两人都很友好，但是谈到合作的具体细节时，他们都非常精明和谨慎，就像我在投行遇到的那些客户一样。

最后，我们认为这个过程实在是太麻烦了，而且他们的条件非常苛刻：万穗的股东需要对贷款的本金和利息做个人担保。此外，万穗还必须从外面找一个靠得住的担保公司。万穗之前都用粤财做担保，它是广东省政府控股的。为此，万穗需要支付贷款总额3%的担保金。考虑到这么多苛刻的要求、这么高的成本，我们不得不放弃和招行的合作。

与我的失败形成对比，中兴微贷和证大速贷（都是深圳的公司）的朋友们都成功地说服了中国银行和中国建设银行，让它们做银行的小额贷款中介，本质上就是可以利用银行的钱来放贷。他们俩都曾在深圳的中安信业公司工作，这是十年前平安保险成立的一家典当行。2006年平安在深交所上市的时候，就把中安信业卖给了保罗·希尔（Paul Theil）。希尔以前在香港是摩根士丹利私人股权部的高管。在进入金融业之前，希尔曾经是美国驻北京大使馆的外交官。1983—1986 年我在中国人民银行研究生部读书的时候，希尔还曾是我一门金融课的老师。希尔的中文非常地道，为人也很随和。我们很多同学都非常尊敬他，后来很多人还和他共事过。

2009 年和 2010 年，当中安信业的两位高管刘京湘和唐侠辞职去创业的时候，证大房地产集团和中兴通讯给他们提供了资金。现在，这三家公司都成为小额信贷行业的龙头。它们有几个共同点：首先，它们的每笔贷款都比较小（一般是 5 万元左右）；其次，它们都有很多分支机构，比如，中兴小额信贷在深圳就有 17 家办事处。再次，它们除了往外借自己的钱之外，也帮助银行放贷。最后，它们都有一套基于 IT 的信用评估和管理系统。

我们万穗的确很羡慕它们。我们的IT系统还没有那么先进，因此，银行现在还没有让我们做它们的贷款中介。

小贷行业做外包

银行业务外包的趋势谁也挡不住。现在的问题是，银行和监管部门对我们小贷行业还很不信任。这个行业的 6 000 家机构在质量上也确实参差不齐。

十年前，我妻子提出请一个保姆住在家里帮助照顾小孩。

我很抵触。家里住着一个外人，我觉得不自由、不自然。但是现在，我们不仅很习惯家里有保姆，很感激她，而且很多重要的事也委托给她。我猜想，如果没有保姆，我们的日子可能会更困难。大家想想，我们许多家庭把烧饭、照顾老人和小孩这些非常重要的事情都信托给了保姆，这不是服务外包吗？咱们到餐馆吃饭，不是另外一种服务外包吗？难道食品的安全不重要吗？

今天，6 000家小额贷款公司分布在全国各地，拥有大约7万名员工。从全行业来讲，我们八成的信贷资金是股本，只有两成是外来融资。现在，我们的贷款总额不到5 000亿元，相当于半个兴业银行。十年以后，我们的市场份额也不可能涨到哪里去。难道我们中国人扶持微小企业就这么点气量和水平吗？国务院三令五申难道就这点结果吗？我不能接受。

你可能会说，我们巨大的银行体系应该是扶持小微企业的主力军。但是，我请你打住。除了民生银行、招商银行和极少数农村商业银行以外，绝大多数银行在小微金融方面作为不多。我斗胆说，即使国务院再下发很多文件，这种状况可能也不会有太大的改变。

我们该不该责怪这些银行和它们的管理层呢？当然不！我们只需要站在那些银行经理人员的位置想想就知道了。他们的经营压力和制度局限已经太大了。即使他们愿意弯腰，他们弯腰的代价也太大了。好在社会有分工，而分工是社会进步的必然。

国家开发银行就很明智。它扶持数百家小额贷款公司，通过这些小额贷款公司达到两个目标：一是扶持小微企业；二是实现自身的业务增长。此外，它的坏账率非常低。开发银行是业界的楷模。我认为，我们的监管当局不仅要允许，而且要鼓励其他银行都这样做。

与行长对话

关于小额贷款公司的"保姆"功能，下面是我某天跟某银行分行行长的对话。

本人：行长你好。我们广州万穗小额贷款公司很想做贵行的保姆业务，即助贷业务。

行长：怎么做？

本人：你们拿出 3 亿元信贷资金，我们帮你做贷前、贷中和贷后工作，直到收回贷款。万一有坏账，我们全额回购。我们万穗公司的管理层私人也提供担保。当然，我们严格执行国家的利率上限控制。

行长：那……我们银行有什么好处？

本人：第一，如果你相信我们万穗小贷公司的风险控制，那么你们基本上无风险，因为我们兜底。你可以认真考察我们的风险控制系统。第二，你们大银行不需要为小微贷款这类小事发愁，省下成本。我们就是给你打工的，我们就是保姆或者泥瓦匠。你们做大额贷款，我们做小额贷款。你们在基准利率之上浮动30%给我们，我们加上一些点子，再贷出去。这些客户未来成长了，也是你们的客户。第三，你们也（通过我们）为社会做贡献。

行长：你们拿什么来担保这笔资金的安全？

本人：我们没有硬资产来担保。你的信心应该建立在我们的风控制度和高管的可信度上面。

行长：你开玩笑，那太虚了！

本人：其实，你可以把我们小额贷款公司当作你们银行的信贷二部。你们信贷一部的员工发放贷款，他们拿什么担保资金的安全？什么也不拿！那你行长大人怎么相信他们呢？你可能会说，他们归你管，你负责他们的工资、奖金和升迁。如果他们不好好工作，你还可以开除他们。但是，你想想，中国银行体系的几万亿坏账是如何产生的？如果你们信贷一部的员工害怕你的管理和惩罚，我们小贷公司做你的外包商（信贷二部），难道不是更加害怕你的惩罚吗？如果你不高兴，我们会失去更多：我们的饭碗、我们的市场口碑、我们的下一单生意，等等。

行长：贷款的事情太敏感，不能外包！

本人：监狱的管理算不算敏感？你可知道，几十年来，英国和美国的几百个监狱都是政府外包给私人企业管理的。直到

20 世纪 90 年代，我们中国人都说，粮店、菜场和棉花采购站都
关系到国计民生，不能由私人经营。但是，你看看这几十年的
变化。你还想去国营餐馆吃饭，或者到国营菜场买菜吗？其实，
国有银行和保险公司已经有大量业务环节是外包的，包括信用
卡的处理、客户资料、IT 系统、索赔，等等。你能说那些环节
不重要吗？

04

中国特色
的证券化

事情明摆着，只有放开对金融行业的垄断，苦苦挣扎的中小企业和弱势消费者才能摆脱现有体制，顺利地获得融资。这和美国的枪支管制问题、中国的环境治理问题有类似之处：一个人或一个团体的力量太小了，必须获得全国范围的共识。

04

中国特色
的证券化

万穗的注册资本为 1.5 亿元，加上从银行那里借到的钱（监管规定不能超过注册资本的 50%），我们最多能往外借 2.25 亿元。

这当然不是我们的终极目标，我们希望的规模比这个要大很多倍。

无论是银行还是信用社，租赁公司还是券商，都享有很宽松的杠杆比率限制。更重要的是，其他行业（工商企业）根本就没有任何杠杆率的限制，它们受到的约束只有一个：贷款人愿意承受的风险。我认为小贷公司受到严重的歧视，于是号召同行对这些规定发起抗议。我个人向政府官员做过的相关汇报、游说更是不计其数。

事实上，小贷行业并没有全国统一的规定，每个省都在各行其是。2008 年小贷行业获得合法地位的时候，是由中国人民银行和银监会联合下发了一系列指导意见，各省却不愿意去做任何必要的修改。官员们心里都很清楚这些规定是不公平的，应当放宽约束，但大家都心照不宣，没有谁愿意做第一个吃螃蟹的人。他们都不愿意冒风险。

凡事总会有第一步！

2012 年 1 月，某省出台了一条新规定——小额贷款公司从银行的贷款额可以增加到注册资本的 100%。从杠杆率上讲可是翻倍了！评论员们纷纷称赞这是巨大的突破，却没有料到一波三折，政府部门开始来回"踢皮球"。由于新规定事前没有征得银监会的同意，所以，当各大银行的该省分行向总部申请时，银监会断然拒绝了它们。这本书都快出版了，该省的小额贷款公司还没能享受到这一政策优惠。

权威的银监会

另一件事让我对银监会的重要性深信不疑。2011 年 6 月，就在我加入万穗不久正和媒体打得火热的时候，我接待了一位不同寻常的来访者——东方资产管理公司总裁张子艾。张先生高大英俊、温文尔雅，当我第一眼看到他的时候，我想起了美国财政部前部长汉克·保尔森（Hank Paulson），除了他的一头银发之外都很像。

东方资产是四大资产管理公司之一。另外三家分别是长城资产、信达资产和华融资产。这四家资产管理公司是 2001 年中央政府成立的，专门处理四大国有银行（中国工商银行、中国农业银行、中国建设银行和中国银行）的不良资产问题，类似于美国的清算信托公司（坏账处理，resolution trust）。

恰好从 2001 年起，中国通胀率居高不下，这四大资产管

理公司的不良资产（尤其是房地产、工厂、收费道路、港口和
矿产等）迅速增值。仿佛一夜之间，曾经的四大"烂银行"成
为"暴发户"。通过变卖这些资产，它们手头掌握着数千亿元的
现金。拿着这么多的钱怎么办呢？它们到处找项目进行投资。
即使在租赁公司、房地产、券商、信托等方面投了很多钱之后，
它们仍然有大把的现金在手。东方资产不想和银行直接竞争，
于是决定在小额信贷业投些钱。它们认为小贷行业确实有市场
需求，而且有利可图（同时风险可控）。就在我加入万穗一星期
后，张先生带着 12 位管理人员来访万穗，我感到受宠若惊。听
完我的介绍和对万穗的初步规划，东方资产有意让万穗协助管
理它们即将成立的小额贷款公司。他们的想法是这样的：国企
的管理效率太低，外包是两全其美的解决方案。这不正是我们
想做的吗？我们自然满口答应。

此后的几个月，我带着万穗的团队在广州、深圳和北京三
地与东方资产的高管们协商相关事宜。他们的管理层都很友好，
但这种合作在国内没有先例，没有人知道怎么绕过国企一些具
体的限制。

东方资产怎么向万穗支付报酬呢？固定佣金加上可变的绩效
奖励。这说起来容易，做起来难！因为这会怂恿万穗的管理者隐
瞒不良贷款甚至坏账。那么，东方资产是不是应该在十年后，等
到所有的贷款都还清后，再给万穗付钱呢？显然，东方资产不愿
意和万穗签这么长的合约。他们需要更大的灵活度。

　　事实上，东方资产在找万穗之前，还去找过几家做得不错的小贷公司，比如中兴微贷和证大速贷，也都没有谈成。

　　而万穗和东方资产的合作也流产了，整个过程中有太多的问题无法解决。最终，东方资产决定自己动手。

　　东方资产在国内成立了18家小额贷款公司，全部是自己管理。除了外聘一些人之外，很多人来自现有部门的冗余人员。这18家公司的注册资本分别为2亿～3亿元不等。

　　尽管没能合作成功，万穗还是从中得到了一些切实的好处。2011年10月，就在银监会叫停信托给小贷公司借款前，东方资产和万穗签署协议，通过西安国际信托借给万穗1亿元。这笔贷款有点证券化的意思，因为贷款是以万穗的信贷资产做抵押的。但是，万穗已经不能再从外面借了，因为这已经超过了杠杆率的限制（注册资本的50%）。因此万穗必须走证券化的道路，而东方资产则需要通过信托公司来购买证券化的资产。

　　所有这类交易，由于有了信托公司的参与（也需要银监会的批准），就变成了合法的，而不会涉嫌非法集资。

　　有东方资产这样的大公司合作，对万穗而言，是很大的帮助。每个万穗人都非常看重这一点，我们深知张子艾这样做，其实冒了一定的职业风险，因为银监会明摆着不看好小贷行业。要知道，信托公司和东方资产都归银监会管啊！

　　至于说银监会为什么不看好小贷行业呢？这可能有很多种解释，据观察家们说，其中之一是，小额贷款行业有点像中国人民银行的"私生子",虽然小额贷款合法化是央行和银监会共同批准的。这种解释合理吗?我也不得而知。

银监会并不是唯一不看好小贷行业的部门。其他很多政府部门也不看好小贷行业,甚至是各省、市的金融办,也将这个行业和偷鸡摸狗、道德败坏及影响社会经济稳定等联系在一起。

2011 年 11 月,银监会向所有银行发布规定——禁止信托公司给小额贷款公司融资。我的证券化计划看起来要胎死腹中了。我不想在西安信托这一棵树上吊死,又联系了深圳的一家信托公司。

该信托公司的工作人员非常友好,其中恰好还有我在 UBS 的同事。她的领导是做业务的好手。他们尝试在不违反银监会规定的前提下给小贷公司融资。

与信托公司磋商

2012 年的前四个月,我们和该信托公司多次通过电话和会议磋商。然而,这位负责人对我们的策略不太放心,把我们的计划说给该信托的 CEO 孟杨和副手陆强听。陆强恰好在我加入万穗时就调研过万穗。他很看好中小企业贷款服务,认为这是社会急需的;同时,他认为万穗的团队很专业,比其他普通的小贷公司稳健得多。但是要打监管的擦边球,必须非常小心才行。于是陆强就联系银监会的非银行监管部门,希望他们"通融"。我这边就去拜访银监会主席尚福林，希望他能够支持。我们做这么多，无非就是增加万穗的贷款能力，支持中小企业发展。中央一直都希望银行能够扶持中小企业，但大银行们却无动于衷。

尚福林当时刚刚上任，在此之前他是证监会主席。1986—1989 年，我在央行工作的时候，曾和尚福林共事。当时他是利率处的副处长，而我是计划司的主任科员，我们在同一间办公室工作，办公桌挨得很近。

我对尚先生一直很佩服，他的求知欲强，喜欢学习新事物。例如，1986—1987 年，他是央行最早几个使用主机电脑系统的人，也是为数不多的深入理解网络数据系统的人。他都是利用业余时间自学的，比如午休或茶歇的时候，通常这时候其他人都在玩牌、睡觉或打球。他在 40 多岁的时候，还攻读了在职博士。

尚先生为人正直、严谨勤奋，几乎所有和他共事过的人都这样认为。他也从不随随便便谈论政治问题。大家私下里都很尊重他。

小贷行业不被看好也不全是银监会的错。很多其他政府部门同样不看好小贷行业，更不消说普通老百姓了，甚至各地的金融办都不相信它们所管辖的这些企业。

事情明摆着，只有放开对金融行业的垄断，苦苦挣扎的中小企业和弱势消费者才能摆脱现有体制，顺利地获得融资。这和美国的枪支管制问题、中国的环境治理问题有类似之处：一个人或一个团体的力量太小了，必须获得全国范围的共识。

每个人都清楚美国应该加强枪支管制，中国应该上调水和

天然气的价格（以节能减排、保护环境），但没有一个政治家有
胆识和力量来改变这一切。

　　对中国的小贷行业而言，只有当全国都获得共识的时候，
一个合理的、有利于经济发展的监管环境才成为可能。

　　尚先生和我会面的时候，他向我解释道，由于刚刚上任，
小贷行业还不是他的重点。当然，他知道这个行业有很多潜在
的风险。有些小贷公司明面上是有牌照的，但背地里通过关联
公司做非法的事情。我之前倒不知道还有这种情况。我告诉他
我们万穗是怎么做的，我们希望发展成什么样。我向他保证说，
万穗只做合法的生意。此外，尽管这个行业的规定非常苛刻，
但大部分小贷公司也都是合规运营的。遗憾的是，虽然我和华
润信托的陆强都去见了银监会的官员，但是他们都没有松口说
会放开信托公司帮小贷行业融资。我们只好等。结果过了一年
多，银监会好像还收紧了政策！

　　这么看，我要做的三件事情都要泡汤了。

　　首先，政府不会调高我们的杠杆率限制。

　　其次，信托公司不能为我们融资了。贷款证券化成了一场
白日梦。

　　最后，尽管我们签约管理常德那家公司的贷款业务，但
是我们找不到第二家合作伙伴了。东方资产这只煮熟的鸭子又
飞了。

　　幸运的是，几个月后我和万穗都找到了一个备用方案。

　　我加入万穗三个月后，一家在香港上市的小公司民生国际有限公司（0938.HK）找到了我，让我做他们的CEO，带领他们加快进入国内小贷行业的步伐。我同意了。

　　这个时候，我顶着两个头衔。我的计划是帮助民生国际收购万穗以及其他优秀的小贷公司。

05

监管噩梦

做生意已经够难的了。服务客户、开拓市场和融资，这些才是一个企业真正应该集中精力的，也是我想做的。现在，我日复一日地把时间和精力耗费在公司注册程序上，这真是太可怕了。也许我选择小贷行业是一个错误?!

监管噩梦

我估计没人特别喜欢和监管部门打交道,一旦涉及跨境资金调动,情况就会变得更糟糕。

我之前做过证券分析师,还做过 UBS 中国业务的高管,我早该清楚这一点。但我在 2006—2008 年管理深圳控股(0604.HK)时,却基本没有碰到过跨境资金调动这方面的困难。

所以我掉以轻心了,我以为我能轻而易举就搞定民生国际和万穗之间的合并,然后就开始在国内的并购之路。但事实并非如此。

20 年前,民生国际给欧洲代工宝石加工。1997 年,民生国际在香港上市。过去十年来,竞争日益激烈,民生国际也没有什么大的发展。民生国际的大股东和董事长郑松兴,同时也是华南城(也是香港上市公司)的董事长。郑先生的主要精力转移到房地产开发上了,当然,房地产比珠宝加工更赚钱,规模也更大。

我在 UBS 工作的时候,郑先生就是我的客户。几年前,我和郑先生就讨论过,民生国际缺乏增长点,未来该怎样转型谋求发展。2011 年年初的时候,我们(UBS)还帮他的房地产业务做过债券融资。

所以，当我离开 UBS 到万穗工作时，郑先生非常好奇。几周后的一次晚宴上，他问我究竟什么是小额贷款以及这个行业有哪些监管规定。我们很快达成共识：应该一起做点什么。这时，我和郑先生已经相交三年了，我一直非常欣赏他的灵活、激情和幽默感。2011 年 9 月 20 日，也就是我成为万穗董事长的三个月后，我兼任了民生国际的 CEO。民生国际正式宣布进入小贷行业。

VIE 的小把戏

很快，民生国际就把一队人马派到万穗做尽职调查。由于我扮演着双重角色，我尽可能地置身事外，让双方律师、审计师和万穗管理层直接打交道。

当进行到收购重组的时候，问题来了。广东省和全国大多数省份一样，不允许境外实体直接投资小额信贷公司，更何况是掌控。怎么说这也是管制森严的金融行业啊！

好吧，为了绕过这项规定，我们采取了这样一种架构：民生国际负责管理万穗，而万穗每年向民生国际缴纳服务费。这就是所谓的 VIE 结构（"可变利益实体"，variable interest entity）。在许多所谓的战略性重要行业中，国外的许多公司就是通过这一招获得了国内公司的控股权。但我注意到，在这些交易中，国外实体和国内实体的股东实际上是同一伙人，也就是说，这伙人只是将自己的经营管理权转给了自己。

但对万穗和民生国际而言，这里有一些差别。如果民生国际收购了万穗，前者就是控制人，但管理权还在万穗。此外，广东省有一项非常不合理的规定，它不允许小贷公司存在单一大股东，股权结构必须多元化。

我们在律师、会计师和投行身上花了几十万美元，耗费数月来来回回给万穗的 13 个股东讲解 VIE 的协议条款。最后，我和郑先生都受够了。我们放弃了谈判，开始寻找下一个收购对象。

中部的重庆很快进入视野。

重庆——致命的吸引力

重庆位于中国中部，人均收入约为广东的一半，但近年来经济发展迅猛，当地政府急切地想追赶沿海各省。我加入万穗不久，重庆市政府主管金融工作的官员就和我取得了联系。他不只是给我打个电话那么简单，2011 年 7 月，他带着他的一个下属处长直接飞到广州和我会面。

他那天正好赶上航班晚点，出租车司机找不着路，交通大拥堵，足足耽误了三个小时。

我们在广州东站边上的威斯汀酒店大堂见面。重庆来的贵宾一再为迟到道歉。他和我岁数差不多，稍稍有点发福，富有激情，活力四射。他向我全面介绍了重庆的小贷行业情况、简单的规章制度和减税优惠。我必须说，他和我们平常看到的政府官员大不相同，我非常喜欢他。

"别犹豫了，来重庆吧，成立一个小贷公司。我保证，不会有繁文缛节的困扰。重庆资金短缺，商机无限。"他这样总结道，并问我何时去重庆调研。他给我留下了非常深刻的印象。

当时已经是晚上六点了。我请他留下来吃晚饭。他说没时间，必须要搭乘晚班飞机回重庆，因为第二天还有很多工作要处理。没办法，我只好点了一瓶上好的红酒，大家开怀畅饮，让他打道回府。

他遵守了诺言。当我去重庆寻找收购目标的时候，他和重庆金融业政府部门给了我们大力的支持，这让我们很感动。在他的帮助下，我们很快就通过了当地外商投资部门的审查。但是没想到，当地的一家中央所属银行，成为我们的障碍。中国人民银行、银监会、证监会、保监会都是中央政府的职能部门，这有点像美国的联邦政府体系。当地的政府拿它们没有办法。当我们在这家银行重庆分行遇到阻碍时，邀我来渝投资的那个政府官员安排了多次协调。

但最终还是没能搞定这家银行重庆分行。

直到今天，我也没有搞清楚为什么银行要反对我们成立投资公司。我的智商属于中等，如果我开了那么多天的协调会依然搞不懂，那么至少一半的中国人搞不懂。我认为，咱们中国人一些很好的发展政策之所以受阻，主要是因为一部分人设计复杂的圈套对付另外一部分人，大家的劳动相互抵消。

2011 年，央行设立了一个新的部门，叫作跨境人民币监管部。这个部门成立的初衷是，引导香港等地的人民币有序回流内地。但模糊的规定和随意的复杂的管理把商人们都逼疯了。中国人民银行告诉我，基于新出台的一系列规定，民生国际不能在国内成立控股公司。我在重庆花了一周折腾，最终无功而返，非常郁闷。

2012 年年底，那位之前和我打过交道的重庆市政府官员调到西南证券当董事长。我当时还和他讨论，西南证券是否可以去收购香港的一家券商。没想到，他突然出事了！这就是震惊全国的重庆官员"艳照门"事件，听说他也是涉嫌官员之一。我为他深感遗憾。从工作的角度说，他真是既有激情又有能力啊！

重庆车祸

我跑了重庆四趟，却徒劳无功，心里非常沮丧。于是，我派出万穗的首席运营官蒋女士试一试。她在重庆有一些人脉资源，但她同样没有成功。一天，我接到助手的电话（他在重庆协助蒋女士），他在电话里惊慌失措。原来，蒋女士出车祸了，一辆卡车撞到她坐的出租车，她的头部和背部都受伤了。

　　第二天，我飞到重庆探望蒋女士。她脸色苍白，还没缓过劲来。头天晚上，她连跑三家医院都没有床位，最后还是一个熟人帮助才住进医院。她在医院住了十多天，飞回广州调养，又过了一个月才能下地走路。内地多数医院的病房环境差、床位紧缺，每次都让我印象深刻。

信心动摇

　　蒋女士的车祸就像是最后一根稻草，把我压垮了。即使像重庆这样的城市，地方政府大力支持我们，我们都失败了，我们还能在哪里成功?! 我不太想和监管部门浪费时间了。

　　据说，天津政府在小贷和 PE 领域也很积极，希望大力引进投资。2012 年 2 月，作为中国金融国际投资 (0721.HK) 的股东和顾问，我和该公司的 CEO 刘宝瑞，一同会见了天津的政府部门工作人员。

　　结果让我很气馁。来来回回的酒席饭局以及各种不着边际的谈话，让我很不愉快。这里的规定和其他省一样难搞。有的人愿意忍受这一切，但我不愿意！

　　做生意已经够难的了。服务客户、开拓市场和融资，这些才是一个企业真正应该集中精力的，也是我想做的。现在，我日复一日地把时间和精力耗费在公司注册程序上，这真是太可怕了。也许我选择小贷行业是一个错误?!

托管同行的业务

2011 年年底，在重庆的项目彻底失败之前，我让万穗的员工寻找更多的合约管理机会。那时，广州市有十家小贷公司刚刚获批成立。

在我看来，小贷公司要想成功，就应该紧紧贴近它的客户，比如小饭店、茶室、花店、杂货店和家具零售店等。但政府对我们的业务成功一点兴趣都没有，他们想要的是政绩，希望事情"看上去很美"。因此，政府要求这十家小贷公司搬到同一条街上（长堤大马路），甚至搬进同一栋写字楼。政府把这条街称作"小额信贷一条街"。但这对我们来说很不方便，因为我们本来应该贴近各自的客户群，分散在城市的各个角落。

或许政府管了太多不该管的东西，这就是现阶段的国情。

随着这十家小贷公司陆续开张，我看到了万穗帮助同行托管小贷业务的商机。

确实如此，一家国有小贷公司（越秀小额贷款）主动找上门来，向我们求助。2007—2008 年，我是越秀小贷公司的母公司的非执行董事。我非常希望接受它的邀请，让万穗管理它的业务，但没想到蒋女士坚决反对。她的理由是，我们这样做其实是在培养竞争对手。因为对于万穗来说，我们的业务迟早会从花都区拓展到广州市区。这听起来有道理，但我却不这样认为。因为，就算万穗不接这单托管生意，总会有人接的。我们周围有很多做得不错（更优秀）的小贷公司。经营小贷公司毕竟不是什么高科技。

由于我在民生国际的时间更多，蒋女士实际上成为万穗的一把手，因为所有的新人都是她招进来的。在万穗的头一个月我就发现了，蒋女士行事手法跟我不同。万穗的管理层中，有的人只听蒋女士的，有的人则在我和蒋女士中间左右为难。

权力斗争

蒋女士全然不顾我的强烈要求，否决了托管越秀小贷公司的建议。很快，越秀小贷就自己招兵买马，正式开始运营。

在此之前，蒋女士还否决了我的另一项提议。我建议万穗开展中介业务，当万穗不愿意给该客户贷款或资金不足时，我们可以帮助它从其他渠道融资。从本质上说，这是投行业务的范畴。近年来很多小公司都开始做这类业务，其中一家做得很不错的（诺亚控股有限公司）还在美国纳斯达克上市了。

这两件事让我很失望，后来蒋女士辞去首席运营官的职位，保留股东和员工身份。万穗会继续支付她的薪酬，包括医保并配备司机接送。只要她康复了，她随时可以回万穗工作。2012年4月，她离开了万穗。

06

P2P和
小贷行业的融资

我开始找一些有零售网点的公司合作，我希望它们的网点能够帮助万穗进一步拓展业务。遗憾的是，我们没有成功。值得一提的是，到今天，也没有一家小贷公司在这上面成功。莫非是我们的目标本身有问题？

P2P和
小贷行业的融资

2012年4月，我辞去了民生国际的CEO职务。这意味着，我想把香港公司和外资引入国内小贷行业的希望也破灭了。

我和民生国际签了三年的就业合同，每年基本工资至少有500万港币，我认为我受之有愧。于是在2012年2月，我向公司董事会提出，我应该对民生国际在小贷行业的缓慢进展负全责，应当将我的基本工资减半。郑董事长非常欣赏我的坦率和担当，他坚持保留我的薪酬不变。

对此，我感到压力山大，必须要有所进展才行啊！

我们又努力了两个月，仍然徒劳无功。直到蒋女士出了车祸，我终于不得不承认，我实在是没办法将民生国际引入国内的小贷行业。因此，我当机立断，向民生请辞。

郑董事长是我的好友，向他请辞并不容易。我们长谈了三次，他才接受了我的决定。我很遗憾，我们的合作要以这种形式结束。但在那个节骨眼上，我找不到更好的解决办法了。

人生苦短，我立刻把注意力转向万穗。但我花了很长时间，才发现万穗在经营上有两个关键点。当我发现之后，我就立马开始改革。

第一个关键点是如何管理一线工作人员。

在我加入万穗前，每个员工都是"多面手"，参与到公司的各个环节，包括发放宣传资料、电话营销、对客户做尽职调查和收账，等等。简单来说，没有分工。

蒋女士非常看重这种组织模式，但我认为这样对新人的要求太高了。

每个人都有自己的特长。对新人来说，如果要求太高，压力太大，他就会感到气馁，最终甚至辞职走人。一旦他辞职离开了，那么他负责的客户就没人管了。队伍的稳定非常重要。类似地，如果一个有经验的工作人员因为某些原因辞职离开，管理层就会惊慌失措，原因是没有人能够马上接替他的工作。

换句话说，客户经理一旦手握大量的客户资源，他就有条件和公司的管理层讨价还价，这将对整个公司的薪酬结构造成很大的影响。

此外，一个客户经理能服务的客户数量是有限的。比如说，一个客户经理一个月最多也就负责 50 ～ 70 个客户。

然而，万穗曾经有一个非常出色的客户经理，她一个月能负责 200 个客户。2012 年 2 月，她结婚了，离开万穗到江西工作。你能想象，我都要哭了。

因此，我决定采用其他公司常见的组织架构：将一线团队分成三组，分别是市场组、评估组和收款组。贷款审批由首席风险官领导，大部分公司都是分开运作的。因此，我们提高了

公司组织架构的扩展性，效率也提高了，再也不用每天加班到深夜了。

这项改革耗时数月，但完全是值得的。其中，于文功不可没。他比我年轻十岁，非常勤快，不断试错。

过桥贷款风险不低

第二项改革是我叫停了万穗的过桥贷款。几乎所有国内的小贷公司都做过桥贷款。在国内的银行体系下，当一笔银行贷款到期之前，借款人需要先将贷款还给银行，等上 3～5 天，才能再次借到新的贷款。这大概是中国特色的规定，为的是防止银行经理随意决定续借，隐瞒不良贷款。因为国内的银行短期贷款规模很大并不断增长，贷款的续借很常见。

这套规定其实有点可笑。

一个持续经营的企业怎么能中途暂停，把钱取出来交给银行，等上三五天呢？

因此，所有的借款企业都不得不保持高现金流，并从多家银行借款，分散一次性问题。

这项规定的意图本身没有错，但执行这项规定，企业要付出实实在在的代价。为此，基层的银行经理想出一个应对的好方法。也就是向小贷公司和无牌照的放贷人求助（讽刺的是，有时候，这些人恰好同时也是银行扶持的，用的也是银行的钱）。借款人从小贷公司或放贷人那里借款，为期三天，利率约为 1% ～ 2%！这个利率年化的话，是非常高的。小贷公司如果在银行有内线的话，就能时不时得到类似的赚钱机会。一些小贷公司就是靠着这种生意发家的，过桥贷款成了它们的主食。

这不违法，也合情合理。但我觉察到，银行经理有时候会向上级隐瞒借款人的真实现金流情况，造成借款人信用良好的假象。

有时候，情况就变得更微妙了。举例来说，当借款人把他从小贷公司借到的钱还给银行以后，如果央行或是该银行的上级突然收紧该地区的贷款额度（这可是常有的事），或者银行经理工作调动，突然失去了借贷的决策权，那么借款人就拿不到新的贷款了。要知道，银行经理的口头承诺毕竟是不确定的啊！

这一下小贷公司成了替罪羊。在这种情况下，小贷公司甚至拿不到抵押物，因为借款人可以抵押的东西都抵押给银行了。许多公司的杠杆率都很高，自然没有足够的抵押物来还债。

"就三天而已。我们的新贷款基本上已经通过了银行的审批。"我们经常听到这样的承诺。但事实上，不止一家小贷公司吃亏上当，结果两手空空。

事情明摆着，借款人不可能长期支付这么高的利率，于是开始和小贷公司扯皮，最终呆账变成了坏账。

在我加入万穗六个月的时候，万穗仍然在做这种过桥贷款，

幸运的是，它还没在这上面吃过亏。

我一直对这项业务的风险耿耿于怀，但整个团队都希望继续做过桥贷款。毕竟，万穗尝过甜头没吃过亏啊！没办法，我只能力排众议。因为这种风险回报太不值得了，如果顺利，你能拿到 1%～2% 的利率；如果黄了，你就全赔进去。这不是孤注一掷吗 ?!

我为此专门写了一篇文章，发在我的博客和万穗的网站上，阐明我不看好这项业务的理由。文章一出，不少业内人士纷纷表示赞同和支持。

一些明智的业内人士甚至一开始就看到了问题所在，因此从未涉足过桥贷款这项业务。

承认失败，认输

无论是东方还是西方的文化，都教导我们，失败是可耻的，一定要坚持到底，永不放弃。作为一个受过多年西方教育的中国人，我认为我自己既不中也不洋。无论是在湖北农村的学校里，还是在北京、香港或是堪培拉，我都深感自己是另类。尽管我的心态开放随和，但必须承认的事实是，我好像并不是"主流人士"。

比如，当我参加鸡尾酒会的时候（到目前为止只有四次），我会觉得非常孤独，我很快就会找个借口开溜。我今年 50 岁，只参加过四五个人的婚宴，当然我自己没有举行过婚礼。

再比如，当我离开一个工作单位（我已经换过 10 来个工作单位了，在 UBS 就有 3 次）时，我从不会给同事们发告别信。

又比如，很多人都说网络社交很重要，我却并不上心。我从来没有 Facebook 或者 Twitter 的账号。有些人在那上面有 3 000 多个朋友，但我却没有任何兴趣，因为现实生活中的事情已经够让我焦头烂额的了。

当然，我并不是反社会分子。其实我的社会投入很多。我在国内网站上开了个博客，保持着一定的活跃度，定期会在上面写些小文，阐述我对当前社会经济问题、小贷行业和资本市场等的个人观点。

2008 年至今，我的博客点击量已经超过了 660 万，博客也频频被各大网站和报纸转载。现在，我打理着一个小型的慈善项目，给我的母校马良中学和广东慈善基金会捐了差不多 60 万元人民币。这些钱都来自我的两本中文书的稿费和公开演讲的报酬。

万穗的新起点

从民生国际离职后，我将精力全部投入到万穗。很多事情都需要我处理：完善 IT 系统、员工培训、填补漏洞，等等。每一项工作都不轻松，但比起和监管部门打交道而言，我可以说

是乐在其中。

我不得不承认，在 IT 系统上，我们没有多大改进。我对 IT 技术一窍不通，将任务交给了于文和 CFO 王立新。事实证明，他们对 IT 的了解比我也好不到哪儿去。我这才明白，原来 IT 并不等于软件加硬件。成功的 IT 系统并非无中生有，而是一个良好管理流程的电子化。我们请了金蝶软件等公司来万穗头脑风暴，同时还跑到一些 IT 做得不错的小贷公司调研，但是进展不大。我有时候祈祷，希望万穗早点解决自身的 IT 问题。

扩张战略

2011 年 8 月之后，我开始找一些有零售网点的公司合作，我希望它们的网点能够帮助万穗进一步拓展业务。遗憾的是，我们没有成功。

值得一提的是，到今天，也没有一家小贷公司在这上面成功。莫非是我们的目标本身有问题？

我的想法是这样的：小贷公司要想非常成功，要么网络营销做得很成功，要么有一支低成本的"陆军"。而我对网络营销（IT 系统）毫无头绪，万穗又是这样一个老派的公司，因此，我们采用的战略是低成本"陆军"。具体而言，就是利用其他人已有的低成本网络。

我找到两类潜在的合作伙伴：一类是房地产中介或保险公

司。另一类是化肥分销商，它们有庞大的零售网络，对于三农的用户很熟悉（恰好与我们的客户群有重合）。

万穗的管理层商量后，我们立马行动。我们首先拜访了一家香港上市公司——合富辉煌集团控股有限公司（0733.HK）。在这之前，我曾经见过扶伟聪先生和他儿子。很可惜，合富辉煌这个时候已经准备自己进入小贷行业了。

于是，我们又拜访了一家保险经销商泛华保险服务集团，该集团在美国纳斯达克上市（NASDAQ:CISG）。

不巧的是，泛华保险已经通过收购进入小贷行业。小贷业务与他们的贷款中介业务恰好互补，他们同样想自己来做这个生意。

我们随后转向了化肥分销商中化化肥，该公司是香港上市公司（0297.HK）。在中化化肥北京总部的引介下，我们拜访了他们广东的分公司。他们看起来对这样单调乏味的工作不感兴趣。我很理解，毕竟这是一家国有企业。

最后，我们决定到广东省天河农资公司碰碰运气。他们是广东省供销合作社的子公司。合作社是计划经济时代的产物，在全国的大多数省市早就死亡了。广东省的合作社能够保留下来，归功于实干家李朝明的领导。值得一提的是，1979—1983年在武汉的时候，李朝明和我是大学同学，我们关系还很不错。

我们和天河公司的初次会谈非常顺利。经过几次餐会，我们坦率交流了合作的基本原则，很快就进入细节磋商。天河的

零售网庞大，万穗希望在其中一些网点配备 2～3 名小贷工作人员。

这样一来，万穗就不需要在各地增设办事处，自然也不需要申请审批和支付租金了。我认为，那些买化肥、种子和杀虫剂的农民，也极有可能需要小额贷款。我们逻辑很合理，至少看起来是这样的。

天河公司对万穗进行了尽职调查，他们对结果很满意。然而，天河方面却一连好几周没有动静，我打了好几个电话也没有反应。后来我才知道，原来天河准备在国内 IPO，已经向交易所提交了申请，所以暂时不准备成立合资企业。听说证监会规定，申请 IPO 的公司必须在 IPO 前的两年中保持所有权、经营权和管理方面的高度稳定，一点点小的变动都不可以！否则就会让证监会抓住痛脚。对这些公司来说，还真是"稳定压倒一切"！事实上，IPO 的申请者都要小心慎微、屏住呼吸，避免一切会影响 IPO 的行为。

这真是太可笑了！我在投行工作过这么多年，非常清楚 IPO 对国内的公司意味着什么。国内股市估值比天还高，所以成百上千的 IPO 申请者野心勃勃，眼里只有 IPO，其他一切都要靠边站。

想想也是情有可原，如果股市有大笔大笔的钱等着你去捞，谁又有权力责怪你鼠目寸光、临时改变主意呢？

对于万穗来说，天河在广东省农村的密集零售网点是可遇不可求的。但天河的当务之急是 IPO，我们也无法强求，只能表示谅解。

　　事情过了 18 个月后，天河还在焦急地等待证监会的审批，也不知道还要等多长时间。2012 年 10 月，证监会停止了所有的 IPO 项目审批。据最新消息，2012 年秋季已经有 100 多家公司放弃了申请，但仍然有近 700 家公司在排队等待。这也是中华大地的一大奇观吧！

P2P，网络小额信贷平台

　　早在我加入万穗之前，我就开始关注 P2P 信贷运营商，其中业绩最突出的是宜信公司。该公司的创始人唐宁早年在北大求学，后赴美国攻读经济学。宜信的员工可能有好几万，覆盖全国 100 多个城市。他们并没有金融牌照，但充分利用了法律规定：个人（而非公司）可以给任何人贷款，所以政府也拿他们没办法。宜信直接用唐宁的名义对外放贷款，同时也用唐宁的名义从外面借贷。

　　为了扩大规模，唐宁在信托公司和第三方财富管理公司（如诺亚财富管理）的帮助下，将他的贷款组合证券化卖给散户投资者。宜信后来也用网络平台来营销，但主要还是依赖"陆军"，即地面业务人员。2011—2012 年，我经常在各种行业研讨会和论坛上看到唐宁，他到处卖力地宣传小额贷款对于中小企业的重要性。他算小贷行业一名忠实的开拓者！

2011—2012 年，我在杭州的数银在线 (6677bank.com) 网站上花过不少精力，可惜 2013 年年初它就倒闭了。他们在 2012 年年初的时候已经有 300 名员工，规模还挺大的。数银在线通过网站吸引想借贷的客户，然后对客户进行初步的评估，将筛选出来的客户推荐给与之合作的银行。和一般的网络信贷平台不同，它的资金来源不是散户投资者（而是银行）。我认为它倒闭的主要原因是：无法在网上吸引到足够多合格的借贷者。因此，银行也认为它不可靠，有用的流量有限。反过来，借贷者借不到钱，对网站的关注度不断下降。就这样，它就陷入恶性循环，直到公司倒闭。数银在线的倒闭证明了广告宣传至关重要，但是也非常烧钱。所谓"成也广告、败也广告"啊！

做得较大的 P2P 信贷平台有人人贷 (renrendai.com) 和拍拍贷 (ppdai.com)。它们和杭州的数银在线 (6677bank.com) 网站不同，主要是为借贷者和散户投资者牵线搭桥。我见过它们的人，但到目前为止还没有深入研究。虽然它们暂时还没遇到监管部门的质疑，但我对它们的经营模式持保留意见，原因在于：借贷者和投资人素未谋面，也没有中介为贷款安全进行担保，一旦出了问题，信贷平台很容易受到影响。就我个人在万穗和我所投资的其他两家公司的经验来看，这里面的隐含风险很大。举例来说，如果信贷平台出了丑闻，或是借款人蓄意诈骗，这都会对公司造成非常大的打击。基于这样的担心，深圳的红岭创投 (my089.com) 会对借贷人进行尽职调查，并为贷款安全作担保。

对它们而言，网站只是一种市场营销手段，并不是 P2P 的平台。但由于尽职调查的时间和财务成本都很高，红岭创投的业务规模受到限制，很难走出深圳。

离开万穗日常管理

2012 年 7 月，万穗的大股东（直接和间接持股 60%）将股权卖给了华银——佛山的一家金属贸易公司。我仍然是第二大股东，拥有不到 10% 的股份。华银希望自己来经营万穗，我辞去了董事长的职位，保留董事和股东的身份。随后，我将万穗的日常经营权移交给了华银。

讽刺的是，董事长职位的正式交接需要很长的时间和成堆的文书。直到 2013 年年中，在监管部门那里，我仍然是万穗的董事长。咱们中国人为什么把事情弄得这么复杂和困难？

07

类银行
机构

在过去的 30 来年里，国内只有少数小银行、券商和信托公司倒闭，但是从来没有大银行倒闭，因为上述这些金融机构倒闭，就会由一家更大的银行来接管。

类银行机构

作为一个有点小小名气的人，好处之一是会有很多人乐意和你交流各种商机，有时甚至还邀请你成为他们的合伙人。别的不说，这至少能激发你的思考和灵感。

当然，这同样也会分散你的注意力。

2011年至今，我多次应邀在中国内地、中国香港和新加坡等地做各种有偿的演讲，内容大多是关于小额贷款业或证券业。江苏的一个企业家还请我担任小贷公司的名誉董事长，他认为利用我的公关形象，他们公司申请牌照会比较容易。

PE？PE就是高利贷

2012年4月，也就是我从民生国际辞职，全身心回归万穗的时候，一家小型的PE（私募股权投资基金）找到我。该公司的负责人叫滕金勇，他是通过我们共同的朋友联系到我的。

滕先生希望和我当面聊聊PE的构想。

于是，他带着一个年轻美丽的女助手杨珍妮来到万穗。珍妮刚刚从暨南大学毕业，之前在上海汇丰银行（HSBC）实习过。

　　滕先生年届50，20世纪90年代他曾出口电视机到埃及。在此之前，他在美国得克萨斯州的一家电子公司工作过几年。我们会面的时候，他刚刚结交了王某——某家银行行长的表弟。这家银行有15家合作的PE。而滕先生刚刚成立的小PE公司，只有一个光杆司令带着一个助理，竟然幸运地成为这15家PE公司之一。滕先生说，如果能够充分利用这一特权，不费吹灰之力就能赚大钱。

　　我很好奇，问道："你准备如何与该银行合作呢？"

　　"很简单。只要我们能找到一个看起来可以投的PE项目，银行就能帮我们筹钱。理论上，我们的资金没有上限。你知道的，银行就好比是一个取之不尽用之不竭的金库。"滕先生兴奋地回答道。

　　"你的意思是说，这和其他PE的融资方式差不多，银行会帮你把理财产品卖给老百姓？"

　　"就是这样。但和其他PE不同，我们是幸运的15家之一。即使是KKR、凯雷和TPG（Texas Pacific），或是像九鼎投资这样的国内投资企业，都没有这样的特权。"滕先生吹嘘道。

　　"但你看起来并没有金融业的工作经历呀，银行怎么相信你呢？"我进一步问道。

　　"所以我才来找你啊。你在业内这么出名，几乎天天出现在报纸上。几周前，我和银行总行的头头们一起聊天，他们说20世纪80年代的时候还和你一起上大学呢。"滕先生手舞足蹈地比划着，大声说道。

"那你想我怎样帮你呢？"我很好奇。

"很简单，我们合伙。你拿 20% 的股份，我保留 50%，还有 30% 要送给王某（银行领导的表弟）。这 30% 可要对外保密哟。"说到这里，滕先生的声音低了下来，显得很神秘。

哈！原来是这样，我恍然大悟。

我拒绝了他，并在心里告诫自己：可千万不能趟这浑水。滕先生见我不同意，以为我是在讨价还价，再次声明 20% 股份是白送我的。他说他花了很大的精力和财力请客送礼、疏通关系，才拿到这项特权。

我一点兴趣也没有。对我而言，这太可怕了。随后，滕先生的助手杨小姐给我做了投资项目的简介，PPT 中充斥着花里胡哨的图片。

我问滕先生："你现在已经拿到特权了，又有这么多的投资项目在手，为什么还要寻求我的帮助呢？"

"我只在湖北和广东这两个省份享有特权。也就是说，我只能在这两个省融资和投资。如果能将业务范围扩展到全国，那就太好了。而且，我们每年都要接受年审。如果有你做合伙人甚至董事长，我们就能很容易地通过年审了。还有，我们也得招一批年轻的工作人员，来做具体的事务。你可以培训他们，比如怎样摆弄账面上的数字、怎样写 PPT、做汇报。我对这些一窍不通。"滕先生解释道。

IPO 美梦

我大致浏览了一下滕先生的投资项目，有武汉的污水处理厂、可降解塑料公司，还有广东的废金属交易公司和城市轨道交通工程，等等。这些项目或许可行，但要么太小，要么太缺乏吸引力，很难通过 IPO 的审批。事实上，当我还在投行工作的时候，我恰好调研过广东的那家废金属公司，它的规模太小了，三年内都无法上市。

如果 2 ～ 3 年都无法实现 IPO，那 PE 怎么退出呢？毕竟，一直以来 IPO 的队伍都排得老长，而且中国证监会时不时就会停止 IPO 审批。比如，2003—2004 年，由于股市低迷，IPO 审批停止；再比如，2012 年 10 月，800 多家 IPO 申请公司被挡在门外，进退两难。

很显然，滕先生明白这个问题。"一点也不难办。这些项目不少是市政府主导的。我们将入股 20% ～ 35%，并且和他们签署回购条款，用他们的财政收入或其他地方的现金流作担保。我们很清楚，有些项目根本不可能通过 IPO 审批，但是谁在乎啊？审批下不来的时候，我们的投资就变成了一笔贷款。"

"那你为什么不干脆把它叫做贷款？"

"你是装傻吗？国有银行不可能用 20% ～ 25% 这样的利率来放贷。现在的基准贷款利率只有 6% 左右。其次，银行每年的贷款额度都是有限制的。不管银行有多少存款，它们都受制于贷款额度限制。这一限制不仅对所有的银行适用，对它们各地的分行也有限制。最后，银行还必须遵守 75% 的贷存比规定。当然这个贷存比有时候会有变化。银行领导们希望贷存比看起来低一些。你知道，也就是看起来低一些而已。"

我接着问："滕总，说实话，这些项目这么平庸，能连续 2 ~ 3 年支付你那么高的利息吗？这可是每年 20% ~ 25% 的复利啊？"

"不能，当然不能啦。这个收益率也就是个数字而已，或者说预期回报吧。这是我们拿给银行交差的，更重要的是，忽悠那些大街上的老百姓来买我们的理财产品，让他们相信只要一切顺利，我们的回报就有可能这么高。"滕先生对他自己的逻辑还挺自豪。

我进一步问道："如果项目三年后仍然没有上市，公司股东，也就是市政府，真的会回购你们的股份吗？"

滕先生开心地笑了："我们的回购条款规定，他们回购时要向我们支付 13% ~ 14% 的年利率，而不是预期 20% ~ 25% 的收益率。"

"回报率一下子下降到 13% ~ 14%，你们怎么和银行以及散户分钱啊？"我质疑道。

滕先生拿出计算器，"看我们的营销情况，散户能拿到 5% ~ 6% 的回报，这比银行的定期存款利率高一些。散户投资者还有个潜在的好处，一旦我们投资的公司上市 IPO，他们还有额外的收益（当然上市的可能性很低）。银行赚 3 ~ 4 个百分点，你和我嘛，可以赚 1 ~ 2 个百分点。其余的分给市场营销、律师等中间环节。但你可别小看了我们的这 1 ~ 2 个百分点啊！ 50 亿元 ~ 100 亿元的项目，我们就能每年净赚 1 个亿！ ”说到这里，滕先生的眼睛都亮了。

这样的计算看起来很合理、漂亮。我只是很怀疑，这些市政项目真的能连续三年支付 13% ~ 14% 的高利率吗？无论怎么说，这个利率也不低啊。我感觉有些项目，他们能拿回本金就不错了！万一有违约的呢？

“别担心，兄弟。市政府会给我们作担保。现在的惯例是用商业用地作抵押。如果情况不妙，我们就收回这块土地，用来建商品房，或者转手卖出去。”滕先生语气坚定地向我保证。

“有这样的好事，银行自己为什么不成立内部的 PE 公司，却把特权拱手让给你们 15 家 PE 公司呢？”我问道。

“银行按规定不能从事直接投资业务，所以需要我们。”

尽管滕先生一再向我保证，我仍然无法说服自己加入他们。他看起来有些抓狂。

他接着说：“好吧。你可要好好想清楚，这可是千载难逢的机会啊。你朋友吴某的 PE 公司，也是我们 15 家公司之一。他已经狠赚了一笔啦！ ”

对此我早有耳闻，但我还是下定决心：这样的钱，再多也不赚。

谁说银行不竞争

尽管中国的银行都是政府控股，但银行之间的竞争也是很激烈的。

对此，我遇到的这个例子或许能给你一些直观的感受。2012年10月的一天，我和一个监管部门的官员约在广州天河区的一家星巴克见面。不料会面推迟了，所以我有一些闲暇时间。于是，我走到旁边的招商银行，想办一张白金信用卡，这样我坐飞机时可以优先升舱。我之前已经在招商银行办过普通的信用卡了，所以只需要做个升级即可。我递交申请之后，工作人员告诉我第二天来取白金卡。

第二天，出租车司机把我带到另一家招商银行分行。我也想不起前一天办信用卡升级的支行在哪条街了。那家支行的两个小姑娘似乎刚大学毕业，热情得不得了，极力地劝阻我不要再去找前一天的那家支行了。

"先生，别费力去找了，我们帮你另外做个信用卡升级，明天就直接送到你的办公室去。不管怎么说，我们都是招商银行嘛。这还有一些高回报的理财产品呢，你在这儿签名就好了。"

"但那家支行已经帮我做好白金卡了，我不去取，卡不就浪费了吗？"我表示不同意。

"不用担心，先生。如果你两周内不去取，白金卡会回收再利用的。"没办法，我只好重新做了升级，还买了100万元的可再生项目的理财产品。

对于银行来说，理财产品的利率在 4% 以上，而存款的利率在 2% 左右。所以，理财产品的存在和发展就等于银行变相承认存款的利率太低。

就像成千上万的大妈大爷一样，我选择在银行购买这些理财产品，是相信银行，希望不仅能保本，还能有较高的回报。如果投资的项目黄了（事实有时候如此），一般情况下银行只能承担损失。这和把钱存在银行有点像。

严格意义上说，中国和美国等国家不一样，并没有存款保险制度。但是在老百姓看来，总觉得银行的背后是政府信用，这有点像某种隐形的约定。中国的存款人哪怕是把钱存到很小的存款机构，比如农村银行或信用社，他们也不太担心安全问题。

这是一种很危险、一厢情愿的想法。很多相关人员其实是得过且过。只有出现银行破产，或者是很严重的银行违约，银行保险体系才会真正受到重视。

领到白金卡后的第二天，我和招商银行的董秘兰奇共进晚餐。兰奇是我在中国人民银行研究生部的校友。我把信用卡升级的经历告诉了他。听到下属支行间的竞争如此激烈，他显得有点尴尬。

卖什么就吃什么

由于受到贷存比和贷款总量的限制，国内银行都很热衷于增加所谓的"佣金收入"。最常见的就是银行销售的各种理财产品。理论上说，银行只是个中介，与投资产品的回报或回报率毫无关系。

然而，事实并非如此，尤其是老百姓，对这其中的区别视而不见，或者可能是"揣着明白装糊涂"。

所有的理财产品，包括公募基金、私募基金和债券型基金，等等，它们的宣传册上都明确指出了投资有风险，并且银行不做任何担保。

没关系。正如香港雷曼兄弟迷你债风波告诉我们的，老百姓根本就不在乎。雷曼兄弟破产以后，香港的很多投资者血本无归，他们纷纷要求卖债券的中介（主要是银行，如中国银行、汇丰银行、星展银行等）负责。政府也不管这些投资者当时是签过合同的，硬性要求这些银行进行赔偿。

在内地，情况也差不多。尽管投资者都签了所谓"自负盈亏"的合同，一旦违约出现的时候，银行也不得不承担损失。

也有不少投资者，他们很清楚这些产品是有风险的。但是，当违约出现的时候，他们就宣称被银行骗了。他们会抗议、闹事直到把钱拿回来为止。就这样，银行只好更加谨慎地选择它们的产品。毕竟，一家支行可以同时销售的理财产品数量也是有限的。

在过去的 30 来年里，国内只有少数小银行、券商和信托公司倒闭，但是从来没有大银行倒闭，因为上述这些金融机构倒闭，就会由一家更大的银行来接管。比如，海南发展银行破产后，其资产负债就被工商银行接管了。

2004 年，北京证券亏光了它所有的资本，还欠了客户大约 2 亿美元。UBS 接收了它的牌照和营业部，同时赔偿了它所有的客户。高盛也曾在海南做过一件类似的事情。

2000 年前后，中国四大国有银行面临困境，中央政府只好帮它们处理了数万亿元的不良资产（前面提到的四大资产管理公司），并对它们重新注资。之后，这些银行其实创造了更多的不良贷款，但是中国的信贷泡沫不断推高资产价格，暂时避免了这些银行重蹈覆辙。由于持续的高通胀，就连那四大资产管理公司，比如东方资产和信达资产，也变得财大气粗了。

垃圾债券代理商

过去 30 来年里，信托公司的发展与银行相比很不起眼。国内第一家信托公司是中信信托，这是荣毅仁 1979 年成立的，成立的初衷就是为了绕过银行的诸多监管。

银行的借贷额度一直都有很严格的限制，但信托公司就没这个限制。信托公司从银行大量借债，投向房地产、基建和各种项目。如果项目出问题了，最终由政府来兜底。而如果项目赚钱了，管理层就获得荣誉和回报。这种风险收益的不平衡，简直就是鼓励管理层冒险。

当我 20 世纪 80 年代在中国人民银行工作的时候，我参加过涉及中信的很多会议。我个人认为，那个时候的中信就是一个"投机客"，它的背后是财政部和中国人民银行。之后中信系不断扩张，逐渐进入银行业、投行和其他板块。现在变化很大。

20 世纪 90 年代，几百家信托公司如雨后春笋般冒了出来，在各种资产上投机，包括期货、股票、房地产，等等。当时朱镕基做总理的时候，曾经实行严格的紧缩政策，大批信托公司破产了。

此后，政府保留了 67 家信托公司。直到今天，信托公司还是名不副实。它们提供的所谓"信托产品"和发达国家的有本质区别。国内的信托公司其实就是商人银行业务（merchant banking），它们对融资方收取非常高的利息。更重要的是，一般情况下，这些项目从银行根本就借不到钱。换句话说，这些都是所谓的"次级债"。

所以，国内的信托公司其实是"高息债券代理商"或者"垃圾债代理商"。1980—1990 年的时候，美国的德崇证券（Drexel Burham Lambert）专门做低评级债券业务，国内的信托公司做的本质上和这个差不多。

当然了，市场对这个业务的确有需求，所以有人做这个业务，也无可指责。

　　在大多数情况下，国内的银行会同时要求固定资产抵押和比较稳定的现金流。自然，很多公司都达不到这个标准。信托公司应运而生，来满足这些公司的需求。

　　近年来，大部分信托公司的客户都是地产开发商、矿产公司，或者是虽然现金流不错，但是固定资产比较少的公司。信托公司还有一大类客户是地方政府，因为它们的基建项目也经常达不到银行的放贷标准。这些年来，地方政府欠下大量的高息贷款，这个问题也是中国金融体系面临的挑战之一。国内的地方财政严重依赖土地出售，而房地产市场已经积累了大量的泡沫，一旦泡沫破灭，地方政府的借款很可能变成一个头疼的问题。

08

次贷风暴

担保公司从事的是高风险的次贷业务，它们出售的是信用违约掉期（CDS）。但很多经营者都把这误以为是来钱很快的行业。过去五年来，尽管经济不断增长，但大量疏于管理的担保公司纷纷倒闭。

　　什么样的贷款才是安全可靠的贷款？我喜欢简单直接，可以这样讲，信誉良好的客户绝大多数都被各银行瓜分了，优质的贷款大部分都在银行那儿。

　　除此之外，银行还参与了大量的次贷业务。

　　换句话说，凡是和影子银行（即传统银行以外的）相关的信贷都是次贷，至少可以认为是次贷。

　　所谓影子银行，除了小额贷款公司和典当行，还有另一种公司，即金融担保公司。这类公司于 20 世纪 80 年代成立，是中国政府借鉴西方经验的产物。在西方国家，政府设立了各种促进机制来扶持小企业发展；而中国呢，则是成立担保公司，让小企业能以相对合理的利率借到钱，或者说让它们有机会借钱吧。

　　因为担保公司成立有一定的政府宏观调控经济发展的目的，不难想象，在 20 世纪八九十年代的时候，这些公司大部分都是国有的，或者和政府部门有关联。

垃圾处理场

所谓"风大的时候，猪都能飞起来"。过去30年，中国经济迅速发展，同时信贷违约率低，许多担保公司都狠赚了一笔。然而近几年，这些公司陆续因为各种原因私有化了，要么是政府资金短缺、周转不开，要么是管理不善、业绩很差。

从20世纪90年代起，民营资本就对担保公司的业务感兴趣，许许多多的担保公司获批成立。2011年担保公司数目达到高峰，全国共有1.5万家公司，一些专家甚至估计高达2万家。

担保公司的运营模式很简单：如果借款人（一般是小企业，有时也可能是大公司）无法达到银行贷款的条件，比如没有合格的抵押物或杠杆比率太高，这个时候，借款人就可以找担保公司帮忙。担保公司向借款人收取一定的手续费，为借款人担保，银行就同意贷款。一旦出现坏账，银行可以向借款人或者担保公司追讨。

当然啦，银行也不是什么担保公司都认可的。每家银行对此都有自己的选择标准和内部名单。随着时间推移，担保行业的具体模式也逐渐演变。有时候，担保公司只需待在办公室，等着银行来电话就好了。自然，担保公司自身也要对借款人做回报分析和风险评估，由此决定做不做这个担保。但是，如果老是拒绝银行，银行渐渐就不会把业务给你了，所以担保公司要很好地处理两者的平衡。一些比较精明的公司，同时也去外面拉客户，从而降低对银行的依赖。

他们每天都在接受业务能力的检验。找那些信誉良好的大客户可没用，因为各银行早就占领这些客户资源了。此外，信誉良好的大客户基本上都不需要担保。所以，对担保公司而言，诀窍就在于，要找信誉比较差的客户，但是也不能太差，要"差到好处"。

正因为如此，很多业内人士都把担保公司戏称为银行的"垃圾处理场"。

近年来，担保业发生了不少变化，比如为企业债券提供担保以及成立"担保联合体"，即几家担保公司联合起来做大额贷款业务，共担风险和收益。

七大部委监管

担保公司有国家级的，也有地方级的。监管规定对它们都是通用的。担保行业最新的监管规定是 2010 年由七大部委修改颁布的。这七大部委分别为：银监会、央行、工信部、发改委、财政部、商务部和工商总局。也就是说，每个部门都能监管。但日常的监管工作主要落在各地金融办的头上，金融办同时也负责小贷行业的监管。

在我看来，担保公司的监管规定非常宽松，尤其是和小贷行业比的话。

举例来说，担保公司的最高担保额度可达它们注册资本的10倍。当然，它们不能收取存款，也不能发放贷款。单一客户的担保额要低于公司净资产的10%，而关联客户总计的担保额必须低于净资产的15%。对于每年坏账的计提，也有一定规定。

对担保公司手续费并没有相关的规定，因为没有必要。政府鼓励担保公司对风险进行合理定价，但这也是担保公司的挑战所在，因为对不同风险定价是很难的。很多国有担保公司，各方面资源远比民营担保公司丰富，资金也十分充足，但是它们对风险的定价却比较随意，或者说很多时候定价过低。

我不太清楚，这是不是有服务社会或者是政治压力的因素在里面。但我确实常常看到，担保费只占贷款总额的2%～3%，甚至还有低于1%的，非常惊人。你可以这么想，如果客户的信誉真的这么好，还要担保公司干什么呢？万穗小额贷款公司过去几年里也受惠于这一低价担保。尽管最终事实证明这些担保是安全的，但综合考虑资金成本，担保仍然是非常便宜的。

由于担保行业的低费率存在比较长时间了，民营担保公司就很难提价，因此它们经常面临艰难的选择，要么提价，失去市场份额，要么就接一些事后会后悔的业务。

我经常拿国内的担保业跟国内的酒店业做比较。可能是出于面子工程的考虑吧，各地政府都很热衷于修建豪华酒店，越多越好。但在当前的环境下，酒店投资的盈利能力比较差，很多人都不愿意投资。因此，市政府把土地卖给开发商的时候，经常附带一个条件：在当地建一个豪华酒店。随着时间的推移，国内大大小小的城市到处都是豪华酒店。

结果，酒店的入住率永远达不到合理的水平。对房地产开发商来说，酒店不太赚钱也无所谓，因为他们能够从政府那里拿到便宜的土地，钱可以从商品房上赚回来。但对于普通的酒店投资者来说，这就很让人绝望了。

遗憾的是，这种情况还在全国各地继续。

金融业的淘金地

担保公司从事的是高风险的次贷业务，它们出售的是信用违约掉期（CDS）。但很多经营者都把这误以为是来钱很快的行业。过去五年来，尽管经济不断增长，但大量疏于管理的担保公司纷纷倒闭。其中包括全国最大的担保公司之一（总部在深圳），该公司曾经成功吸引到几家国际 PE 公司投资，金额还相当可观。总部在广州的一家很大的担保公司在全国几个城市开展业务，2012 年也因为胆大包天进行欺骗而倒闭。

2009—2011 年，担保业几乎成了"金融业的淘金地"。信贷扩张推动下的经济繁荣催生了大量的赚钱机会，但这还不够，有太多贪婪的担保业经营者越过监管红线——注册资本 10 倍的担保额限制。许多担保公司向客户收取高额的手续费，但没有合理地体现在报表上。有的甚至还吸纳存款、发放贷款，全然不顾相关的规定限制。许多做贷款担保的，根本不对借款人进行尽职调查，似乎担保费不过是赠品，是没有风险的。

终于，它们自食其果了。大量的贷款和担保变成了坏账。很多担保公司无法履行其担保义务。随后的调查发现，借款人、银行职员和担保公司都存在欺诈行为。违规违纪者被严惩，相关责任人被关入大牢。

作为担保业主要的监管部门，银监会在 2011 年年底和 2012 年年初收紧了相关监管规定。大量的担保公司关门大吉（据估计有 5 000 家左右，约为总数的 1/3），许多人退出了担保业。其余的公司都被迫降低风险敞口，以达到监管的要求。如果中国经济进一步放缓，我估计还会有一批担保公司倒闭。

现在，担保行业的规模已经大大缩减。但对于审慎的经营者来说，它仍然是一个利润丰厚的行业。直到今天，我还是认为对它的监管比对小贷行业的监管宽松得多。这很不公平。

09

长期通胀与
扭曲的银行体系

如果这种趋势持续下去，那么不用多久，几乎所有人都能"月薪百万"了。而相应地，买一斤大白菜可能就要花掉几万元了。换句话说，人民币的购买力将大幅下降。

长期通胀与
扭曲的银行体系

我在国内银行和外资银行工作了 20 多年，干了很多不同的岗位，也可以算个经济学人。但直到我不做分析师以后，我才真正体会到复利的重要性。看似不起眼，其实很可怕。

大家都知道，积少成多。但当我从 20 年甚至 30 年的角度来研究经济问题时，我才真正明白这是什么意思。

可怕的复合增长率

作为一个分析师，我通常研究公司的同比增长率。举例来说，我们常常挂在嘴边的是，和上一年同期相比 CPI、GDP 增长了多少，上市公司净利润增长了多少。不难想象，从事这样的工作 20 多年之后，养成的职业习惯就很难改过来了，凡事只和上一年相比较。保罗·克鲁格曼曾经把我们这些分析师调侃为"上上下下的经济学家"。现在我认为，他的话不是没道理的。

最近，我在思考经济的一些长期问题。举例来说，1994 年我在香港的外资银行工作，那时大陆的 GDP 只是我国台湾地区的两倍多一点。你可能不敢相信。然而，2012 年，大陆的 GDP

已经增至台湾地区的 17.5 倍了! 18 年间怎么会发生这么大的变化呢?

有一小一大两个因素需要考虑。小的因素是,人民币对美元汇率的升值。大的因素是,台湾地区和大陆 GDP 的平均增长率,前者增长缓慢,平均每年 2% ~ 3%;而大陆的 GDP 增长迅猛,名义上平均每年增长 16.2%!

是的,你没有看错,国内名义 GDP 的年复合增长率为 16.2%!

看到这里,你或许会说,实际 GDP 才是问题关键。但事实并非如此。

长期来看,大陆的通胀率高于台湾地区,从理论上来说,这应该已经体现在过去 20 年的汇率中了。但实际上并没有,也就是说,之前的人民币币值是严重被低估的。

通过这个简单的例子,很清楚:增长率的微小差别,如果持续的时间足够长,结果是惊人的差距。所谓差之毫厘,谬以千里。每个人都应该清楚这一点,但我却直到最近才真正明白。

科长指数:计算通胀的另一种方法

为了搞清楚影子银行和房地产泡沫背后的深层次原因,我研究了中国大陆的通胀率和生活成本的变化。由于要寻找有很高可信度的数据,我寻找了其他很多方法。

　　1986—1989 年，我是中国人民银行的主任科员（即科长）。当时，我每月的基本工资是 52 元，加上补贴、医保、鸡蛋补贴、免费的住房（三人一起住的单身宿舍），等等，一共是 130 元左右。时至今日，按照可比口径，同样职位的薪酬至少有 1.1 万元（我认为很可能是 1.5 万元）。

　　没关系，我们就用每月 1.1 万元来计算吧。这意味着 24 年来该工作岗位的收入增长了 84.6 倍，复合年增长率高达 20.31%！

　　即使你假定现在这位科长的综合薪酬只有 9 000 元，那么 24 年的复合增长率也是 19.3%！

　　很显然，实体经济的增速并没有这么高，公务员的劳动生产率也没有提高这么多。所以，其中的差距扣除从计划经济向市场经济的转型因素，就是通货膨胀。如果公务员的收入增长在社会上具有代表性的话，我的计算应该就没有大问题。我为什么不用局长或者市长的薪酬变化来做代表？他们没有代表性，他们的实际报酬不代表社会平均值。

　　即使用科长指数计算出来的通胀率也高得可怕。

　　如果这种趋势持续下去，那么不用多久，几乎所有人都能"月薪百万"了。而相应地，买一斤大白菜可能就要花掉几万元了。换句话说，人民币的购买力将大幅下降。对于纳税人来说，给公务员付工资（比如中国人民银行的职员），本质上跟花钱购买其他消费品是一个道理，比如买张火车票、买个盒饭等。

　　上面这种分析方法，看起来似乎既不科学也不专业。但既然《经济学人》杂志的"巨无霸汉堡包指数"可以用来衡量货币汇率的高估和低估，为什么我们不能用公务员工资这类指标来衡量生活成本的变化呢？

　　我想要说的是：经济学家们经常争论官方数据的短期准确性与否，却往往忽略了问题的本质所在。短期数据，很难说到底多少是准确的。但从长远来看，问题就简单多了，也没什么好争论的。

　　通过这24年来名义工资的增速，结合国内劳动生产率提高情况（应该是个位数），我怀疑过去24年的年通胀率高达5% ~ 10%。我承认，这个范围有点宽。但不要紧，要紧的是个人和企业存款的利率明显低于5%。国内的银行基本都上市了，从它们的财务报表我们可以很清楚地看到，它们的平均存款成本每年仅有2%。

　　就拿国内最大的银行工商银行来说。工商银行2012年的平均存款余额为12.5万亿元人民币，企业存款和个人储蓄大致各占一半。财务报表显示，工商银行支付企业存款利率为1.82%，个人储蓄为2.15%。综合来看，也就是1.99%的利率支出。这是工商银行最主要的资金来源。其他银行的情况基本上差不多。

　　这远远低于24年来的通胀率，可能低了3 ~ 4个百分点。你或许会说，我们应该将刚才的利率和当年的通胀率相比。但是，我们没办法知道目前的通胀率究竟是多少。

当然，优惠贷款利率 6% 也太低。要么是负数，要么在零附近徘徊。但有一点很清楚，它根本不能反映资金的供求关系。

从短期来看，谁知道通胀是多少？但是，从长期来看，大家心里都有一本账。我的父母没有上过学，但是他们很清楚 10 年或者 20 年来的通胀率是多少。

负的真实利率

如果你同意国内的储蓄利率远远赶不上通胀率，中国长期处于负的真实利率，那么你应该能明白房地产泡沫的原因了。尽管政府三令五申要抑制房价上涨，但各地房价始终居高不下，很多城市房价已经是天价了，很多人一辈子不吃不喝也买不起。2006 年至今，政府出台了多项严厉的政策措施限制居民购房，但是看来政府完全不知道自己的政策为什么一直没有效果。我认为，房价始终扶摇直上的根源在负利率。

为什么呢？

因为存款利率太低了，按揭贷款的利率也太低。贷款买房的人其实在享受补贴，而存到银行的钱不断贬值，人民币的购买力不断下降。

这同样解释了为什么企业的信贷需求如此旺盛，即使企业回报率和现金流那么糟糕，前景那么黯淡，它们的投资热情还是不减。利率这么低，不借白不借。那么大的补贴，为什么不拿呢？

在中国，低效率、低附加值的产业浪费了大量的能源和资源，这已经是见惯不怪了。人人都看得到，都憎恶环境污染，可为什么大家都认为政府却一直袖手旁观呢？

答案很简单。许多地方的情况已经泥足深陷，以至于政府一时不知如何来更好地改变：因为牵一发而动全身啊，就业率、社会稳定、税收和巨额的银行债务等，太多的利害关系了。

当存款利率较低时，储户就会想用别的方法保值或增值。那些被银行拒之门外的借款人成了一种选择，因为他们愿意支付高于银行的利息。于是，地下钱庄就产生了。

这里有三条定律，久经时间考验：

1. 哪里有监管，哪里就有违规。
2. 哪里有进口关税，哪里就有走私。
3. 哪里有利率控制，哪里就有地下钱庄。

1986—1989 年，我在央行工作，那时候政府监管非常严格，私营经济不被认可。大家普遍认为，一对一的个人借贷是不道德的、破坏性的并且是违法的。但这样的借贷却实实在在地存在着，就像卖淫一样，人们心知肚明，称之为黑市。那时候，我的工作之一就是监察这些黑市的资产流动和利率变化情况。为此，我多次到温州、汕头等地下钱庄比较活跃的地方调查。不止一次，央行认为地下钱庄的活动将威胁银行体系，就

逮捕了很多相关的从业人员。

对于大多数民众来说，他们并不知道地下钱庄究竟发生了什么，当然也不关心，他们只是被动地接受政府的说法和解释。这也是为什么小贷行业至今仍然名声不佳。

2012年11月，在搜狐网主办的年度经济论坛上，有记者提及小贷行业里的各种不良行为，我回应道："当然，小贷行业里有偷税漏税等违法违规行为，但这和其他行业其实是类似的，针对小贷行业的歧视是不公平的！"

2000年至今，暂且不考虑立法方面的工作，政府确实对私人甚至企业的小额金融行为更加宽容了，只要赔钱的人不闹事便好。一个监管部门的官员将地下钱庄比作一个小病痛，并说："既然你暂时无法解决它，不妨先容忍它。"

尽管监管方面有所放松，但谨慎的公司仍然避免企业之间的直接借贷行为。非金融企业之间的借贷是很常见的。当它们需要给别的企业借钱时，它们会让银行出面，也就是所谓的委托贷款。它们承担信用风险，而银行收取适当的手续费。

银行一直是国内金融市场的主导。但操作更为灵活的信托公司，从2004年起，正在逐步侵蚀银行的主导地位。三类借款人会重点考虑信托融资，这三类借款人分别是：次贷客户（他们达不到银行的信用评估标准或者缺乏抵押品），优质客户，但是银行的额度用完了，还有急需借款的客户。

信托公司的入侵

信托公司的经营模式类似于证券公司，但员工的待遇却明显比证券公司高，与华尔街可比高下。可别忘了，信托公司大多是国有控股的，但是机制灵活。因此，它们非常迅速地发展壮大了。

据银监会的调查，截至 2007 年年底，国内信托公司管理和托管的总资产只有 1 万亿元左右，到 2010 年这一数字已经高达 3 万亿元，而到 2012 年又翻了一番，达到 6 万亿元。

这已经相当于银行贷款总额（63 万亿元）的 9.5% 了。换句话说，信托公司所管理的资产对社会经济已经有显著影响了。

银行的贷款能力受制于净资产和央行的贷款限制。而对信托公司来说，它们其实是中介机构，负责牵线搭桥。因此，它们净资产大小和融资额度没有直接关联。比如说，注册资本为 1 亿元的信托公司，能够为客户筹集成百上千亿元的资金。净资产可以是总融资额的千分之一，甚至更低。信托公司的监管部门是银监会，银监会已经逐渐意识到其中的风险了，因为一旦所投资的项目黄了的话，信托公司最终也要对投资者负责。有几次，信托公司确实对赔了钱的投资者进行了补偿。2012 年，银监会也开始对信托公司提出资本充足率的要求。

因此，许多信托公司（比如中融信托）这几年做了增资扩股，以支撑不断增长的贷款和中间业务。信托业务明显是有利可图的，很多大企业（包括大国企）打破脑袋也想成为信托公

司的股东。

据中国信托业协会的资料，截至 2013 年第一季度末，中国
67 家信托公司共拥有 1.4 万亿美元的资产。跟银行一样，信托
公司或许要为它们出售的产品负责，但信托公司大部分都是国
企，它们的贷款基本都得到了实物资产的担保。

不仅如此，信托公司还发挥了为无法从银行获得金融支持
的借方和贷方搭桥的作用，虽然这类公司是影子银行里最不被
理解的部分之一。我认为，它们的功能跟 20 世纪八九十年代的
垃圾债券发起机构［比如米尔肯（Michael Milken）的德崇证
券］差不多。

对国企和人脉广泛的私企来说，中国的银行依旧只扮演着
出纳的角色。而影子银行的出现，让传统的银行拥有了强大的
竞争对手——中小企业也有了融资来源，让它们得以与国企相
竞争。最终结果是，竞争为双方带来了更高的生产率和更好的
服务。影子银行的这个贡献不应该被轻描淡写一笔略过。

银行保卫战

信托公司的扩张持续了好多年之后，银行才有所警惕。为
了保卫自己的领地，从 2005 年起，银行开始提供新股申购理财
产品。这其实是银行集中投资者的钱，统一申购 IPO 的新股。
那几年 IPO 很热，这些钱几乎什么新股都申购，也为投资者赚

了很多钱。当然，这也造成了老百姓的错觉：IPO 就是赚大钱，银行的理财产品永远不会赔。

过去五六年，银行的黄金类理财产品也差不多是这样。随着热钱不断流入，推高了黄金价格，反过来，金价持续走高又进一步吸引热钱流入。人人都认为这很聪明，当然了，直到趋势逆转，金价掉头向下。

理论上说，多数理财产品只是银行代销的金融产品，银行只负责销售，不负责盈亏。但由于银行所扮演的社会角色，银行不得不承担最终的风险。

2005 年后，新股申购产品和一系列其他理财产品不断繁荣。手续费成了银行的重要收入之一。更重要的是，这似乎是银行对信托公司的一个反击。银行代理理财产品的种类和规模都大幅增加。银监会调查指出，2009 年年底这些理财产品的总值只有 1.7 万亿元人民币，而 2011 年年底就增加至 4.9 万亿元，2012 年已经高达 7.1 万亿元了，竟然占到贷款总余额的 11.3%！

这比信托公司的情况还要惊人，但银监会一直没有插手，直到 2011 年。

这对银行业很危险吗？风险是什么呢？

10

茶杯风波，
还是下一个
危机的开始

低利率以及信贷和通胀，让广大的老百姓一次又一次地失望。从经济角度看，低利率还导致了许多其他问题，比如房地产泡沫、工业产能过剩以及特权借款人与弱势群体间的不公平竞争。

10

茶杯风波，
还是下一个
危机的开始

　　我在上一章里提到过，2012 年年底，国内 67 家注册资本很小的信托公司，总共管理着高达 6 万亿元贷款，相当于银行业贷款总额的 9.5%。此外，银行的表外业务规模也快速增长，已经占到整个银行业贷款总额的 11.3%。

　　有些分析师对上述贷款规模的估计和我略有差异，但不管具体数字是多少，都说明了这样一个毋庸置疑的事实：传统银行业务以外，存在着规模巨大的所谓影子银行贷款，并且逐年高速增加，风险也越来越大。

　　国内外的专家都对银行理财产品的迅猛增长表示警惕。就连 2013 年刚刚出任证监会主席的肖钢（他此前是中国银行董事长），也在官方媒体发表文章，将这些理财产品比作"庞氏骗局"。美林证券的分析师也提醒道：如果不对影子银行进行限制规范，总会出现银行破产的悲剧。

　　但我个人却更赞同标普的观点：尽管影子银行业务快速增长，风险也比较大，但中国的银行体系仍然非常稳固。此外，影子银行的资产质量好坏在我看来不重要，重要的是影子银行的疯狂增长传递出来的信息。

我认为，在所有关于国内银行业风险的研究报告中，标普在 2013 年 3 月 27 日发布的报告是最中肯的，也是最深入的。

透视影子银行

究竟什么是影子银行？标普采纳的是金融稳定委员会的定义。金融稳定委员会是为促进全球金融体系稳定而成立的合作组织，隶属于国际清算银行。按照它们的定义，影子银行就是"传统银行业务以外的所有金融活动"。

如果这听起来不够清楚，我还有一个更简单的定义：银行传统的存款和贷款以外的任何金融产品都属于影子银行。

标普强调，他们所研究的影子银行只包括当前或实际的金融产品，不包括备用信贷，如信用证、银行承兑汇票、银行保函和承诺信贷额度等，这些只有在兑现后才会被计算在内。

基于金融稳定委员会的定义，标普认为中国的影子银行主要包括下面几类。

1. 银行的理财产品，无论是否计入银行资产负债表。
2. 信托公司的各类理财产品。
3. 证券公司的各类投资。
4. 非金融企业之间，利用银行作为中介进行的委托贷款。

5. 公司债券。和发达国家相比，这类产品在中国的规模太小了。而西方国家的那些复杂的金融衍生产品，中国基本没有。

6. 小贷公司、典当行和租赁公司所管理的贷款，未经过银行的公司间贷款以及私人间的贷款等。

按照标普的计算，中国的影子银行规模在 2012 年达到 22.9 万亿元人民币，相当于银行贷款总额的 34%，中国 GDP 的 44%。与 G20 和欧盟区国家相比，中国的影子银行规模实际上并不大。据金融稳定委员会的调查数据，G20 和欧盟区国家的影子银行在 2011 年年底就已经达到它们 GDP 总量的 111%。

标普进一步指出，尽管中国的影子银行有这样那样的风险，但它们并未威胁国家的银行体系，原因有如下几点。

首先，尽管这些年中国的影子银行发展迅猛，但其规模仍比其他国家小得多。

其次，银行还是可以在所销售的理财产品赔钱时置身事外。比如 2012 年 6 月，工商银行在其所发行的价值 30 亿元的信托产品赔钱时就是这么做的。

标普指出，中国企业的杠杆率已经很高了，而影子银行只会让它雪上加霜。这也正是风险所在。标普提到，影子银行的两类客户最危险：房地产开发商和地方政府基建项目。最后，标普认为："中国影子银行的信贷中，有超过一半的信用比传统银行的贷款要好。"

影子银行资产质量不是祸首。

我很赞同标普的观点，影子银行只是中国银行体系的一个症状，但并不是病根。病根在哪里呢？我认为是金融管制和随之而来的巨大的隐性成本。

未来十年，中国经济和银行业所面临的主要挑战是如何放松金融管制，同时又不至于引起混乱。

千万不要被短期的统计数字所影响，我们从宏观的角度来看看长期的经济数字吧。

1986 年，中国的名义 GDP 是 10 275 亿元人民币。2012 年，中国的名义 GDP 已经高达 519 322 亿元，这是 1986 年的 49.54 倍。当然，中国的实体经济并没有增长得如此之快，许多增长只是货币幻觉。

在这 26 年里，根据国家统计局统计，中国的银行信贷增长了 76.36 倍，结果，广义货币供应量（包括流通中的货币和银行存款）增幅达 143.94 倍！这意味着年复合增长率超过了21.1%！这太不可思议了，请看表 10—1。

也许你会认为，我的计算结果（即增长率）会因为我所选择的起点年份不同而不同，那么我们将 1986 年换成 2000 年，结果大同小异，特别是银行贷款和货币供应量的年复合增长率。累计增长率同样惊人，短短 12 年间，银行贷款增加了 534%，货币供应量增加了 604%！数据如表 10—2 所示。

表 10—1　　　　　26 年来贷款和货币供应增长

	1986 年（亿元）	2012 年（亿元）	累计增长（倍）	年复合增长率（%）
名义 GDP	10 275.2	519 322.1	49.54	16.3
银行贷款（余额）	8 142.7	629 909.6	76.36	18.2
货币供应量（M2）	6 720.9	974 148.8	143.94	21.1

资料来源：国家统计局。

表 10—2　　　　　12 年来贷款和货币供应增长

	2000 年（亿元）	2012 年（亿元）	累计增长（倍）	年复合增长率（%）
名义 GDP	99 214.6	519 322.1	4.23	14.8
银行贷款（余额）	99 371.1	629 909.6	5.34	16.6
货币供应量（M2）	138 356.5	974 148.8	6.04	17.7

资料来源：国家统计局。

　　由此，我们不难推断，在过去的 26 年间（或者 12 年间），信贷高增长造成中国经济大部分的繁荣假象，企业债务的增长速度远远高于经济实体本身的增长速度。

信贷扩张，通胀升级

是的，信贷增长比实体经济的增长快得多，但这有什么关系呢？短期来看，大概没什么，但持续一段较长的时间，就会造成下列问题。

首先，这意味着企业的资本回报率下降。

其次，随着杠杆比率的上升，金融风险不断增加。太多的公司都靠着低利率的贷款而生存。

最后，也是最重要的，持续这么长时间的银行贷款快速增长，单纯经济增长的需求肯定不能完全解释，其背后有其他重要原因。

其中一个因素，我认为是通胀和信贷的相互促进：一方面，信贷大增导致通胀。企业做同样多的生意需要更多的钱（和信贷）来润滑。另一方面，信贷增多，引起价格进一步上涨，反过来又削弱了人民币的购买力，这就成了恶性循环。这样，不管你发放多少贷款，都不够用。

显然，优秀的贷款机会不可能年复一年地以10%，更不可能以15%的速度增长。那么，在低利率的蒙骗下，咱们的银行就有意识无意识地降低了贷款标准。大家从发放优质贷款变成发放普通贷款，到次贷、垃圾贷。聪明的美国人也是一步一步走向次贷危机的，也是一个逐步降低标准的过程。

在利率很低的情况下，烂项目看起来也会很光鲜。

那么，我们是怎么走到这一步的呢？自由市场能够自己纠错吗？正如标普所说，银行提供的大量理财产品不过是变相的存款。2012 年年底，这些理财产品高达 7.1 万亿元（比麦格理证券估计的要高 18%），相当于银行存款总额的 7.6%。2012 年，它们的回报率为 4.11%，而银行一年期定期存款利率为 3%，银行平均吸收存款的利率为 2%。

政府对银行不放心

为什么银行愿意提供高于定期存款利率的理财产品呢？这不是搬起石头砸自己的脚吗？原因是银行间的竞争。举例来说，如果银行甲不做理财产品，银行乙也会去做，这样银行甲的存款就被拉跑了。为了应对这样的竞争，银行甲也只好销售类似的理财产品。

那么，如果政府解除对银行存款利率的控制，事情会怎样呢？政府认为这是无法想象的。"我们怎么能让银行在存款利率上竞争呢？那样的话，它们会为了拉存款而激烈竞争，存款利率会高到天上去的。"

美欧国家在 20 世纪 80 年代放松利率管制之前，也有这种担心。结果呢？银行的竞争很理性。当然，你会马上反驳，中国的银行基本上是国有的，它们不可能理性。

也就是说，中国政府在一些问题上并不信赖他们自己的银行，不相信银行能够理性地竞争。这个逻辑实在是很奇怪。但这似乎是客观存在的共识：中国的银行没有能力确定合理的存款利率。

正如我在前面提到的，从 1986 年以来（甚至是 1983 年以来），中国政府在数不胜数的文件和领导讲话中，反复重申利率自由化这一宏伟计划。而时至今日，这仍然只是个伟大的计划而已。五年复五年，五年何其多。

如果政府和公众都不相信市场这只"看不见的手"，那么只能寄希望于央行有一群天才能够合理地设定，并不断调整存款利率。当然，他们所设定的存款利率应当高于通胀率，而且反映资金的供需变化。

很遗憾，中国的存款利率长期以来都太低了，而且这造成了过去 30 年间通胀和信贷的推波助澜。很多官员和经济学家都清楚存款利率太低了，而且极有可能低于通胀率，但政府始终不愿意改变现状。我们常常听到的说辞是，如果利率太高，企业付不起，所以央行不得不保持低利率。还有就是增加就业率，这也是经常见到的挡箭牌。一提到就业问题，似乎就是"尚方宝剑"了。讨论终止。

低利率的危害

政府不仅宏观调控着存款利率，而且让存款利率保持在很

低的水平。这产生了明显的副作用：

（1）鼓励了信贷规模扩张。利率低意味着隐性补贴，这让企业难以拒绝。这加剧了通胀和信贷的相互促进。

（2）导致了不公平的转移支付。存款利率低相当于剥削普通的储户，反过来补贴给从银行获得贷款的人。这本质上是非常残酷的。

这也就形成了两类信贷市场：一类享有特权，一类处于弱势。事实上，前一类导致了后一类的出现。有限的信贷都被特权阶级借走了，因此，处于弱势地位（经济地位或社会地位）的借款人只好向高利率的影子银行求助。政府如果真的想要降低中小企业的融资成本，那就应该对那些特权借款人提高贷款利率，这样他们的贷款需求就会下降，为中小企业和其他弱势借款人留出余地。

这个理论乍一听有点奇怪，但确实就是这样。提高特权信贷市场的利率反而会降低弱势群体的融资成本，并提高弱势信贷市场贷款的质量。换句话说，政府如果想支持弱势群体，唯一的途径就是提高基准利率。在过去十年里，人们对国企和私企之间的不公平竞争、特权私企和弱势群体的不公平待遇等，可谓是怨声载道。这是可以理解的。这些群体间的融资成本差别如此之大，又怎么可能公平竞争呢？

下一个次贷危机或许就会来自中国

丘吉尔曾说："预测是很难的，尤其是预测未来。"我认为他说的有道理，所以不会在这里给出我的预测。但我确实很担心现在的情况：30多年来的负利率、通胀和信贷膨胀。先不管过去的12年，货币供应量（M2）的年复合增长率为17.7%，2013年5月还在以15.8%的同比速度增长！如果这样的增长速度再持续十年，中国的货币供应量（M2）与2012年年底相比将再增加330%。你能说这不吓人吗？

持续的货币快速扩张，将会带来严重的社会和经济后果。

首先，从社会的角度看，普通储户继续被剥削，特权借款人则富得流油，社会差距将让普通大众最终忍无可忍（如果现在还算能够忍受的话）。1983年，我从湖北财经学院毕业时，工作机会到处都是。尽管我是一个普通农民的儿子，没有任何背景和后台，但我的选择却非常多，可以说是挑花了眼。社会是比较平等的、合理的。我和我的同龄人一样，对未来充满了希望。但今天呢？刚刚大学毕业的人还能够有这样的待遇吗？2011年6月，也就是我在万穗小贷公司工作的头一个月，我和公司的15个新员工座谈，尽管我努力向他们描绘一个美好的职业前景和未来，但我感觉，我多少有些心虚，我的话听起来一定有些空洞和不够诚实。

不得不说，我为了准备那次座谈，内心斗争了几天。最近

几年，我接到好几所大学的邀请，让我给毕业生讲讲职业规划或是创业计划什么的，我统统回绝了。我接受的演讲邀请就是有关小贷行业和证券市场的。因为对于中国今时今日的年轻人来说，如果没有什么资本和资历，职业前景是暗淡无光的。

竞争如此激烈，通胀持续高位，而工资的涨幅远远赶不上通胀率。对于这些年轻人来说，凭借个人努力过上好的生活意味着异常艰苦的奋斗。

在高通胀之下，你必须想办法持有能够保值的资产。更重要的是，你得想办法进行低成本融资来使得收益最大化。这就是问题所在。我们从小到大都被告诫，要勤俭节约，要把钱存起来。但在过去数十年，储户的损失是最大的。如果你是一个普通的公务员、一个工厂工人或是一个小商店店员，你把钱存起来，存了这么多年，都不够买一套房子（甚至连首付也付不起）。有些人的工资甚至只够每月的开销，根本都存不了钱。最大的受益者是那些能够拿到低息贷款的投机者。

除了收入的巨大差距外，贫富差距也在不断扩大。这些都让社会不满日益加剧。低利率以及信贷和通胀，让广大的老百姓一次又一次地失望。

从经济角度看，低利率还导致了许多其他问题，比如房地产泡沫、工业产能过剩以及特权借款人与弱势群体间的不公平竞争。还有，生态环境也因而受到破坏。

最后的结果会怎么样呢？我猜测，大概有两种可能的结果：

一种是稍微好点儿的情形，还有一种就很悲惨了。

第一种情况，是央行意识到问题的严重性，在 3 ～ 5 年内逐步提高存款利率和特权借款人的贷款成本。这样，货币供应量的增长会逐渐回落至 7% ～ 8%。经济开始紧缩甚至衰退。但只要政府下定决心挺过去，很多周期性行业公司会逐渐破产出清，大宗商品价格会回落至 2000 年的水平。不幸的是，在这种情形下，失业率将无法避免地上升。

第二种悲惨情形下，央行只是表面上实行稳健的货币政策，实际上却无所作为，任由信贷和通胀横行。最终，危机可能通过以下形式爆发：

1. 社会动荡。
2. 房地产泡沫破裂。
3. 国内经济衰退，正好赶上全球经济增速放缓。

"钱荒"的风波

2013 年 6 月，中国的银行间市场利率大涨，闹起了"钱荒"，在国内外掀起了一场不小的风波。随后，还有余波。很多银行都把理财产品的利率从 4% ～ 5% 提高到 6% 左右。

对这场风波，大多数人的解读是，某些银行出现了资金来源和资金运用上的期限错配。中国央行为了紧缩货币政策，起

初没有采取任何救市措施，后来却不得不采取有效措施严格防范"钱荒"危机。

我还是老腔调：观察问题一定要保持距离，不要站得太近，更不要拿放大镜来看。我坦白，并不完全了解6月银行间市场究竟发生了什么事情。但是，我认为媒体的报道完全没有道理。

板子要打在中国人民银行身上

我认为，这次银行间市场的风波实际上是中国人民银行擦枪走火，误判形势，误判结果。

为什么这么说？35年以来，中国人民银行一直是中国货币政策极度宽松的唯一源头。这样的货币政策只有一个结果，就是持续的通胀，而你不需要拥有一个经济学学位，也不需要看官方公布的通胀数字，就能感受到它的存在。如果你知道5年前、10年前、20年前或者30年前的食品、衣服、房子（房租）、交通运输的价格、医疗费用和教育费用，拿它们和今天的情况比一比，算出增长倍数，然后算出"复合增长率"，那就是通胀率。统计数字可以骗短期，但是无法骗长期。

通胀可以繁殖。由于通胀，你做同样多的生意（也就是说，GDP一点都不增长），就需要花更多的钱。如果银行借给你更多的钱，让你维持现有的生意规模，通胀就会持续。如果银行支持你把生意做大，通胀率就会升高。然后你就需要更多的钱再做同样多的生意。过去 35 年，中国就挣扎在这样的恶性循环中。

过去 35 年，中国的例子显示，一旦你进入"信贷失控和高通胀"的恶性循环，你就越跑越快，直到危机爆发、系统崩溃。在崩溃之前，信贷增长越来越快，甚至会出现钱越多越不够用的情况。我们现在的情况就有点像。中国每个月的货币供应量（M2）在基数很高的情况下同比增长 16% 左右，这是天文数字，但还是出现了所谓的"钱荒"。你不觉得奇怪吗？哪里来的"钱荒"？

20 多年来，中国人民银行一直通过银行间市场和其他手段支持商业银行的过度扩张，导致监管者和被监管者达成一个默契：中国人民银行既是最终贷款人 (the lender of last resort)，也是最初贷款人 (the lender of first resort)。"需要钱，找人行"成了一个契约。到了 6 月，中国人民银行突然想收紧信贷，等于违背了与商业银行长期以来达成的契约。这也就难免出现银行间市场风波。如果我们要打板子，这个板子应该打在中国人民银行的身上：你为什么把商业银行娇惯成这样！ 35 年来，你为什么把货币政策搞成这样！只能松，不能紧。这叫什么政策？

我认为，中国人民银行本来也不愿意看到银行间市场的这次风波，因为这种风波很危险，就像玩火。但是，它起初并没有料到市场反应会那么激烈。这也可以理解：大家都在摸索，包括中国人民银行，它正在试图避免历史重现。

　　问题在于，中国货币政策很多时候是相互抵消的。如果中国人民银行频频展开公开市场操作，银行间市场也无比繁忙，那么20%的存款准备金率就没有意义。就算把比例提高到70%，也不代表信贷紧缩。

　　银行理财产品不断增长，意味着75%的贷存比例也没有意义，调低到50%也是一样。再比如，如果一边征税，一边补贴或者退税，那么95%的税率也不可怕。

11

在影子银行的
阴影中投资

中国的房地产（实物）估值过高，而且过度开发，情况非常危险。但是，我不知道中国房地产的未来会怎么样。高位买入是傻瓜行为，我绝不会这样做。

11
在影子银行的阴影中投资

从 2012 年起，影子银行成为人们热烈讨论的话题。然而，大家关心的主要是："影子银行的资产安全吗？它会威胁中国的银行体系吗？如果确实如此，中国银行体系面临的风险有多大？"

在上一章，我引用了标普的分析报告，里面说到大约一半以上的影子银行贷款比传统银行贷款的风险要低，并且和 G20 以及欧盟区各国相比，中国目前的影子银行规模还算合理。

但是，这还涉及两个更广泛的问题。首先，基本上所有人都同意，无论政府怎样限制，在未来几年中国的影子银行仍会高速增长。

问题是：影子银行高速增长背后的原因是什么？我在前面已经分析过了，关键是政府把利率管制得太低了。

低利率和通胀互为因果。我想，央行出于对银行间可能爆发的非理性利率战的担心，未来几年可能都不会放开存款利率。我不相信利率自由化的口号。如果我是正确的，那么也就意味着，通胀和信贷仍将持续相互促进。

另外，影子银行对资产价格会有怎样的影响，尤其是房地产和股市？

如果不能战胜它们，就加入它们。

偏好投资银行业

在我看来，银行显然是最好的长期投资。反对的人一般有两个理由。首先，银行很不透明，它们公布的数字可信度很低，尤其是关于不良贷款的数据。我曾于 20 世纪 80 年代从事中国人民银行的监管工作，最近又管理过一个小贷公司，因此很理解这种想法。但反过来说，你能找出一个很透明的行业吗？我们对任何公司都不应该盲目自信，不论是食品公司、百货商场，还是燃气公司，它们一样不透明，也许比银行更不透明。

在银行业投资有些像买一只指数基金。银行能够比较好地代表经济的运行情况。购买银行股票就像是投资整个经济体。这样做的收益很明显：你不用在某个特定的行业或公司上押注，这样也就规避了它们特定的周期性和波动性。当然，一旦经济严重下滑，银行也会陷入坏账的泥潭，但这种时候别的行业也好不到哪儿去。

2008—2009 年，全球金融危机爆发，英美大量银行倒闭，其中部分银行被政府挽救或国有化。在很多情况下，股东要么什么都拿不到，要么眼睁睁看着股份被稀释。这确实很惨。

但是，如果你投资的是非金融行业，绝大部分情况下政府都不会理你，你连被挽救的机会都没有，除非你买的是通用汽车。

一些保守的投资者认为，国内银行业的利润占整个经济体的利润比重太高，成为经济发展的绊脚石。2006—2007 年，美国上市银行的净利润占到所有上市公司净利润的 40%，结果就是全球金融危机。

而中国的这一比率早就超过了上述情况，目前已经超过了 50%。也就是说，我们站在了重要的岔路口，问题亟待解决。

但是，我们不知道银行剥夺其他行业的状况何时才会改变，甚至会不会改变。毕竟，银行对外的贷款利率也是低于合理水平的。中国企业（除银行外）的利润低，只有一个原因，那就是它们借款太多。投资回报率太低时，额外的杠杆率只会让情况更糟。麦肯锡的科勒和他的同事们在《价值：公司金融的四大基石》一书中，也详细阐述了这个观点。

由于利率管制，中国的银行确实从中获得了丰厚的利润，但这样的状况在未来 5～10 年会有很大变化吗？我想恐怕不会。

如果现在的利率管制维持下去，会把其他非金融行业都害死吗？我想恐怕也不会，不过，其他行业会更加骨瘦如柴。

如果我们只看那些规模较小的银行，它们的净利润能在 5～10 年内翻番吗？当然会，而且如果它们实现了净利润翻番，这将比很多其他板块的公司都要好得多。注意，很多板块不会有像样的增长。

目前银行的估值是非常吸引人的。现在银行的市价是它们 2012 年净利润的 6～7 倍（也就是说，静态 PE 6～7 倍），平均市净率 1 倍上下，分红收益率达到 5% 左右。考虑到未来 5 ～ 10 年的增长，这个回报率还是很不错的。

非银行金融机构

我之所以选择加入小贷行业，其中一个原因是我对银行的悲观看法。我曾经一度认为影子银行能比低效的银行做得更好。

现在看来，我错了。银行有着庞大的网络、最好的客户，再加上极低的融资成本，这哪是其他公司（如小贷公司）能比的呢？不管你信不信，银行的管理也比我当年在央行工作时改善了许多，甚至和五年前、十年前相比也大不一样。

我的确是这样认为的。当然，说这些话的时候，我很难高兴得起来：小贷公司、典当行、租赁公司、担保公司、财务公司和证券公司，它们的盈利模式都比不上银行。我付出了相当大的个人代价才理解到这一点：信誉好的客户首先选择银行。银行给它们提供的服务基本上无可挑剔。因此，这些客户没什么动力抛弃银行，转而选择影子银行。在这种情况下，影子银行连和银行交手的机会都没有。但是，信托公司却是另一种情况：它们只是融资的中介。如果它们足够谨慎，它们是可以赚到非常丰厚的利润的，甚至让银行都垂涎三尺。然而，高杠杆率对它们来说是双刃剑：一旦发生违约，而它们又不得不赔偿投资者的话，将遭受重创，甚至面临破产。

让我们面对现实吧：非银行金融机构的业务其实大部分都是次贷业务。我并不是说次贷业务就不好，或者赚不到钱。但是，你的风险调整后的收益率达不到银行的水平。目前，中国的经济体可能已经站在周期高点，我们面临着很高的周期纠偏风险。一旦发生纠偏，非银行金融机构将首当其冲，遭受巨大信贷损失。

在这种情况下，尽管银行也会受到重创，但它们有大量的便宜存款作为缓冲，而且它们现在的贷款利率很低，可以适当提高贷款利率来应对风险。但非银行金融机构现在已经把利率定得较高了，进一步提高利率的空间很小。在经济萎缩、需求下降的时候上调利率，只会把有限的客户吓跑。

我最近研究了一家经营得很不错的租赁公司，终于明白为什么它的股价在过去几年都没有好的表现。我感觉未来几年它的股价表现可能也是一般般。无论公司管理层怎样强调，但本质上还是一分价钱一分货啊！除了它们的注册资本之外，它们主要靠银行借款来融资。也就是说，即使银行把它们当成最优质的客户，它们的资金成本也是基准利率上下。核心问题是：银行的产出成本是它们的投入成本。

银行的贷款利率就是租赁公司的资金成本

弄明白这一点很关键。如果一个好的借款人（比如一家大医院），能够从银行那里以 6% 左右的利率借到钱，怎么还会费事去找贷款利率在 9% 左右的租赁公司呢？此外，租赁公司的一些技术细节还会增加它们的成本。由于钱是从银行贷来的，从银行贷款下来到租赁公司放出去，通常要耗费数天的时间（数周时间也很常见），也就是说，租赁公司不可能在贷款周期全时段利用它们的资金。租赁公司同样也有管理运营成本，也要交税。它们还要处理拖欠、违约贷款问题（与银行相比，它们的客户群信誉要差一些，因此违约的概率也略高一些）。把这些成本都计算在内，你就能明白为什么租赁公司无法与银行抗衡了。如果市场上有大量的便宜股票可买（银行股），你会选择租赁公司吗？

房地产：我很矛盾

房地产业的走势的确很难判断。虽然我在影子银行和房地产公司（深圳控股）都工作过，但这对我判断房价走势毫无帮助。我必须再说一遍：中国的房地产（实物）估值过高，而且过度开发，情况非常危险，但是，我不知道中国房地产的未来会怎么样。高位买入是傻瓜行为，我绝不会这样做。我需要安全边际。

在中国，投资实体房地产并没有足够的安全边际。当然了，很多房地产项目似乎还很有吸引力，特别是考虑到目前的建安

成本、融资成本、销售价格、租金和税费等。然而，这些所谓
的假设，在宏观经济发生剧烈变化时就会显得非常离谱。中国
经济走到现在这种节骨眼上，任何事情都可能发生——要知道
房价已经持续飙升了十多年了。

　　房地产开发商是影子银行的两大主要客户之一。这是因为
过去十年他们都赚得盆满钵满，他们的每次豪赌都因为房价上
涨而胜利。他们不愿意相信，在不远处有个拐点在等着他们。

一个危险的信号

　　这些开发商愿意以 10% ～ 13% 的年利率在香港发行债券
（在内地发行信托产品），这说明他们要么准备孤注一掷，要么
对未来的收益非常有信心。不管是前者还是后者，投资者都应
该小心。

　　大体上说，港股上市的房地产公司都有一个不小的折让——NAV
（净资产价值，net asset value）折扣，A 股市场交易的地产公
司折扣要小一些，但是和银行股相比，它们的波动性大很多，
风险也高得多。

　　考虑到未来 5 ～ 10 年，内地和香港资金成本有巨大的差异，
自然，这两个市场的股票估值的差异也会很显著。在香港和内
地两地上市的公司，尽管是同一家公司，但是面对的投资者是
很不相同的。这意味着我们要用不同的贴现率来计算它们的贴

现现金流。这样，同一家公司会得到两个不一样的结果。换句话说，在未来很长一段时间里，两地上市的 A 股将长期跑输它们自己的 H 股。

消除房地产泡沫

在过去 5～6 年，看空的经济学家频频拉响中国房地产业的警报，时不时就说泡沫破裂的危险迫在眉睫，但危机却迟迟没有发生。事实上，无论政府怎样坚决调控，房价始终居高不下。

这些看空的经济学家包括谢国忠和吉姆·查诺斯。谢国忠曾在摩根士丹利工作十多年，在国内很有名气。我很欣赏他的分析。吉姆·查诺斯是美国的一位对冲基金经理，他曾经成功地在安然倒闭之前做空了它的股票（而且是高调做空）。

我很理解他们的观点。但他们所预测的拐点是否过早了，而且可能早了好几年？或许是持续的信贷增长（背后的推动力是负的真实利率）一直支撑着中国的房地产市场？

我不知道中国房地产泡沫何时会破灭，或者会不会破灭。但下面的情况是很明朗的：

1. 对广大老百姓来说，房价实在太高了。
2. 房价上涨太快了。

3．空置率太高（无论是已售的还是待售的）。
4．在建和待建工程太多。
5．与其他国家不同，中国政府真的希望房价降下
　 来，或者至少停止上涨。

但房价为什么依然涨势十足呢？我认为关键原因就是负的
真实利率。

纵观全国，大量的闲置住房不仅污染环境（浪费水泥、石材、
钢材、水和其他建材），同时对辛勤工作、努力储蓄的普通老百姓
也不公平。许多存钱囤房的人对货币储蓄似乎已经失去了信心，
认为多买一套房是明智的投资。而事实上，这额外的一套房经常
要空置好几年，而由于施工质量差、管理维护不到位或行政规
划的改变等各种原因，又经常在 10～15 年后就需要拆了重建。

举例来说，深圳的许多地方在进行"旧城改造项目"。有意
思的是，深圳是个只有短短 30 年历史的城市，而这些所谓的旧
城大多才建了 20 年！

2012 年 12 月，我在个人博客上发布了一篇短文《建议发行
"中华地票"》，被许多网站转载。文章中，我建议中国政府发
行一种股权凭证，暂定名为"中华地票"，它将与房地产价格绑
定，有点类似于根据通胀调整过的国债。这样，购买"中华地
票"的老百姓将受惠于房价上升，对于买不起房的老百姓也比
较公平。对全国来说，也将是很有益的，因为这个"中华地票"

能够将房地产控制在合理规模并降低住房闲置率。

同时，央行可以逐步提高利率，在不引起严重的经济衰退的前提下，将房地产泡沫消除掉。

遗憾的是，很多意见领袖认为"中华地票"没有可操作性，支持我的人并不多。对于很多买房空着，将之当成储蓄的人来说，他们的希望可能最终因为"旧城改造"而化为泡沫。

投资小贷行业

长期以来，我都对以下这个现象感到很好奇：无论何时，总有数以百万计的消费者和小企业资金短缺，而这边，大量的公司和消费者却又有大量的闲置资金。银行每年给储户（个人存款或企业存款）支付 1% ~ 3% 的利息。大多数的理财产品则只承诺 4% ~ 5% 的收益，当然也有少数理财产品的收益率能达到 10% 甚至更高。总体上说，4% ~ 5% 是平均水平。我的问题是：为什么储户不把钱投到小贷公司呢？或者，为什么小贷公司能够每年收取高达 20% ~ 24% 甚至高达 30% 的利息呢？为什么地下钱庄能够收取 40% ~ 50% 的年化利率呢？当然，这些贷款方都是追求利润的，我的问题是，这种高利率持续了这么长时间，说明市场确实有需求，到底是为什么呢？

显然，这并不是信息不对称造成的：这样的高利率人所共知。那么，为什么没有更多的钱流入这个行业，从而使得利率下降呢?

我认为,这里有些可能的原因:

首先,中国政府 2008 年才承认小贷公司的合法地位,而大众对于小贷行业的看法仍然偏负面。要改变这一点还需要更长的时间。其次,消费者金融在中国才刚刚萌芽,规模还很小,因为中国传统文化并不鼓励借钱消费,虽然这样的态度正在慢慢转变。在西方国家,个人申请信用卡是很容易的,但是在中国办信用卡很麻烦,申请的条件很死板。我在广州已经居住了一年多,却还是没有资格申请信用卡,因为我没有内地的永久居留身份和社保账号。我虽然拥有香港居民身份和高收入,但在内地申请一张信用卡都很困难,真是很有趣。在美国或者澳大利亚,多家银行把事先批准好了的信用卡寄到我家,我连申请都不用。

再次,尽管中国搞市场经济已经有 30 多年了,但经济的主体仍然是国有的。这些国有企业的管理者的首要目标是资金安全、不出问题,而不是赚钱。换句话说,他们首先想到的是自己的职业生涯,因此尽量避免不够稳妥的决策。

在万穗小贷公司的时候,我拜访了一些有大量闲置现金的国企,希望它们能投资小贷公司或是购买小贷公司的贷款组合,但都被拒绝了。

最后,中国的小贷行业和个人金融刚刚起步,相关的配套体系非常薄弱。比如信贷评级机构缺失。央行有一套针对企业和个人的评级体系，但是覆盖范围还不够大，而且对小贷公司来说太贵了。举例来说，在某些省份，查询的收费为每次 60~90 元，而在有的省份，小贷公司根本无权查询。央行这套系统的主要受众仍然是银行。而且很遗憾，目前并没有民营企业可以提供类似的服务。

另一个配套体系问题是，行业缺乏可靠的、富有声誉的经营者。许多小贷公司和消费金融公司才成立两三年，消费者和投资者都有点将信将疑。毕竟，这一行需要的是信任、信心和持续的回报。

在过去 30 年里，许多投资者和投机者在房地产、股市或实体经济上赚得很多钱。因此，他们对回报的期望很高。这也是为什么很多储户愿意把钱存在银行拿很低的利息的原因之一，他们在等机会，等着赚大钱的机会，而不是投资在小贷公司或消费金融方面。但这也在渐渐发生变化，因为各个领域的投资回报率都在下降。

2012 年起，不少证券公司和资产管理人都找到我，要么是想买万穗小贷公司的投资组合，要么是想让万穗协助他们收购类似资产，又或是二者兼而有之。我认为这是一个好的开始。

小贷行业背后的盈利模式大体如下：

小贷公司对外的贷款利率大约是 20%~24%。它们将这一贷款组合卖给资产管理公司，年利率大约是 11%（2011 年年末，万穗将贷款组合卖给了东方资产和平安陆金所，每年的总利率大约是 11.6%）。资产管理公司再向它们的客户、机构投资者或者是高净值客户推荐该产品，利率是 6% ~ 7%，它们自己拿 2% ~ 3%，最后的 1% ~ 2% 支付律师和其他费用。

但如果资产管理公司要求小贷公司找一个担保的话，这种模式就有点麻烦了，因为担保公司一般要收取 2% ~ 3% 的费用，剩余的利润空间很快就缩小了。因此，万穗公司通常都会避免在担保公司上的额外开支。

影子银行的利率为什么依然高企？

2014 年 11 月起，中国人民银行六次下调基准利率。原因是经济疲软，通胀率下降。虽然债券利率随之下行，银行贷款利率也在下降，但是，信托、理财、民间借贷和 P2P 的利率完全没有下降。为什么？

因为风险溢价太高了！风险溢价为什么高？长期的信贷膨胀毒害了营商环境，就好像化肥施用太多，毒害了土地。放松银根，加大国企和特权民企的竞争优势，损害普通企业的利益。利率调整不能创造财富，只能对财富进行再分配。市场有个均衡利率。如果有人用了低息，就必然有人需要买单。利率调整不能创造财富，只能对财富进行再分配。降低贷款的基准利率会鼓励国有企业、政府平台和有特权的民企加大投资，多吃多占，从而加剧普通企业（特别是中小企业）的资金紧张，从而提高它们的实际利率。银行的办法很多：利率上浮，收管理费，先存再贷，贷100万元但是只给70万元而利率按照100万元计算，等等。另外，放松银根，降低利率会增加低效率的投资，恶化企业竞争，扩大普通企业的贷款违约率（即风险溢价），从而民间借贷利率上升。当然，银行也尽量避开普通企业，或者把贷款条件（门槛）提高。经济不景气，融资成本却畸高，不是因为基准利率高，是因为风险溢价太高了！为什么高？长期的信贷膨胀毒害了营商环境，就好像化肥施用太多，毒害了土地。

一言以蔽之，要紧缩信贷，提高基准利率，才能让经济降温，才能降低普通企业的融资成本。让过去30年的事实说话。

最近，我在四大城市（北上广深）拜访了多家P2P企业、典当、小贷、保险经纪公司、理财公司、担保公司和信托公司。我确实有点眼花缭乱。我有几点初浅的看法，跟大家分享。

（1）在欧美国家，你根本不敢想象会有这么多的此类公司。如果一定要用一个帽子来概括，大家都属于影子银行。为什么咱们中国会有这么多此类企业呢？虽然大家的创新和创业很让人欣喜，但是你必须承认，这么多小企业的运营效率一定都不高。这对社会资源是多大的浪费啊！大家要做多少重复劳动啊！例如，招聘、征信、管理等。每个小企业都要去工商局、税务局、金融局和工信局填多少表格，拿多少批文，求多少爷爷，印多少小册子，看多少冷面孔？我反复问自己，难道这不

就是中国人勤奋、疲倦而依然贫困的原因之一吗？可是，咱们
有这么多影子银行的直接原因是什么？是不理性的政府管制。
如果政府把存款利率提高 2 个百分点，我可以肯定影子银行的
一大半活动就会烟消云散。你不同意我的看法？认真想想吧！
你也许会说，提高存款利率，贷款利率也会相应提高，从而伤
害经济。我认为，贷款利率也许会被推高，也许不会。而且银
行的贷款利率本来已经大部分都浮动了。只有那些有特权的企
业才有可能用基准利率获得贷款（或者在基准利率之上微微加
一点）。中小企业的贷款成本早就是 10%甚至 15%以上了。去
年 11 月份，人民银行调低基准利率，而市场利率不降反升。特
权企业用了便宜的资金，必然有人买单：社会资源不会因为央
行降息而增加。基准利率下调了，但是，风险溢价上升了，总
的利率水平（基准利率＋风险溢价）提高了。所以，如果放开
存款利率管制，银行的利差会收窄，利润水平会下降。这难道
不是大好事吗？现在，银行业的利润占股市所有行业的总利润
的 2/3 左右，这完全是利率管制带来的畸形财富转移。它很不
公平，很有害。

（2）多数影子银行（即上述的"此类企业"）并没有长期生
存能力。如果政府放开利率管制（那是迟早的事情），它们会突
然消失。我希望大家抱有随时转型、随时关门的态度。如果你
现在赚钱，那还有持续开门的道理。但是如果你本来一直在亏
钱，寄希望于私募基金来救你，你的问题就大了。

（3）我认为，P2P、典当、小贷和理财公司都有永久的生存空间。只是大家要坚守常识。如果你的商业模式不成立，或者你的商业模式是基于现在的愚蠢的监管环境，那就危险了。比如，你的企业在做2亿元贷款时亏钱，你是否应该指望贷款做到30亿元的时候，就突然赚钱呢？有时，规模可以带来效益（即成本的节省），有时不行。你的资金成本会不会上升？你能否持续借到钱？你的坏账会不会上升？

（4）多数影子银行（即此类公司）没有核心竞争能力。它们可以很容易进入，也就很容易被别人挤出去。由于它们的规模都太小，又太急躁，因此它们没有能力保护自己的地盘。在"吸金"和"投资"这两个主要环节上，大家强调前者，忽略后者。但是它们在投资环节的失败经常导致倒闭和跑路。现在大家遇到一个共同的基础设施方面的问题：对消费者，咱们没有共享的个人（甚至中小企业）信用数据。每个P2P企业或者小贷公司只好做重复劳动，做尽职调查。这个效率很低，成本太高。现在，央行要求腾讯等公司做好个人征信业务准备，但是，咱们的铺路工作（数据搜集和整理）还很漫长。对于P2P公司甚至小贷公司，招来资金比较容易，但是安全地把昂贵的资金贷出去，按期收回，并且赚钱可不容易。另外，我发现大家急于在"全国布局"。对此，我很不理解。你的企业那么小，连本市还没有站稳，没有深挖，就想在长江流域、珠江流域或者环渤海经济圈布点，太早了。你的管理成本（机票、酒店、管

理时间和申请各种证照的麻烦）太高了。你的管理能力太弱了
（你对每个城市都明白吗？）。

我想起 2006—2008 年我在深圳控股担任首席运营管时的一
个教训。当时，地产开发商都强调全国战略。结果，我们在外
地买了很多地块，亏钱，占用资金，耗掉了管理层的精力，还
惹了不少争议，也被坑蒙拐骗过几回。后来，大家发现，最肥
的市场还是家里，是大本营，是深圳。如果当初，我们把精力
和资金都投到深圳，那该多好啊！

12

中国股市
为什么下跌

无论政府怎么做，也无论投资者是真糊涂还是假糊涂，股票和其他资产是一样的，股票的市盈率倍数是市场利率的倒数。市场利率越高，资产价格就越低。

12
中国股市
为什么下跌

过去 20 年，中国股市估值的大趋势一直是下跌。原因是起初太贵。当然还有一个原因：通胀。不管官方的利率如何，通胀推高市场利率，而市场利率压制资产估值。

1994 年，我来到香港的瑞士银行投行部（SBC）工作。那个时候，中国内地的股市诞生才两年，就像个蹒跚学步的小孩。所谓的 A 股市场总共只有不到 100 家小市值的公司，B 股市场的公司就更少了。

1994—1995 年，我作为瑞士银行的投行团队成员之一，参与了两个小项目：中国南玻的可转债和粤照明（一个生产灯泡的公司）的 B 股 IPO。这两个项目的规模都非常小，每笔融资都不到 5 000 万美元。

那时，深交所和上交所的股票交易区间是 60 ～ 100 倍市盈率。一些听起来不错的公司甚至能达到 200 倍的市盈率。考虑到部分公司虚增利润、财务数据失真，一些公司的市盈率甚至高达数千倍，或者根本就没有市盈率（实实在在的亏损）。

这一切都似乎无关紧要。股市迅猛增长，看起来每个人都能找到看多的理由，并相信所谓的"稀缺性溢价"。那时候，常常可以听到这样的说法："这么大的国家，只有这么几家上市公司，估值当然要高！"

从那时起，国内股市发生了两个重要变化：首先，上市公司数量猛增至 2 400 家（截至 2013 年 3 月）。其次，贵得离谱的估值大幅下滑，下滑到现在仍然很贵。

今时今日，整个 A 股市场的平均市盈率是 15 倍左右，但必须注意的是，银行股的估值只有 6 ～ 7 倍，大幅拉低了市场估值。剔除银行之外，大部分公司的市盈率还是有 20 倍以上。

由于国内股票指数成分经常变化，估值的纵向比较有些困难。但毫无疑问的是，这 20 多年来，整个市场的估值已经明显回落了。

在影子银行的启发下，我对国内股市估值的下降有了新的认识。

证监会和政府其他部门的角色问题

这或许是中国特色：政府甚至是证监会常常公开宣称"看好股市"，试图刺激股市。别的国家没有这种情况。

20 年前，也就是国内股市刚刚建立的时候，政府这样做往往是为了增强大众对股市的关注度，帮助贫困的国企脱贫。但渐渐地，数以百万计的股民疯狂购买股票但收益甚微，股市指数成了政府和社会的巨大难题。

2013 年，政府发现自己处境非常尴尬：自己不得不为股市的涨跌负某种责任，想推脱都很难了。

在过去 20 年里，政府经常用各种方法刺激股市。有时候，这些方法是管用的，当然只能维持一时，最终都以失败告终，就如以下几个例子。

（1）政府和监管机构官员，通过媒体对股市发表乐观看法。

（2）媒体配合政府发表对经济和股市的乐观报道。

（3）政府降低股市交易费和印花税，刺激股市交易。

暂停 IPO 和已上市公司的融资，有时候甚至暂停好几年。最近的 IPO 上市暂停从 2012 年 10 月开始，现在还不敢开闸。

（4）从 2005 年至 2007 年，政府让上市公司的控股股东对流通小股东进行补偿，条件就是控股股东的股票能够在解禁后自由流通（一般有三年限售期）。这叫作"股权分置改革"。英文里找不到一个适合的词。我本人完全不理解这件事。凭什么要大股东补偿小股东？如果说中国人不讲规矩，没有契约精神，那也是有原因的。难道就因为控股股东的所谓法人股份是不能自由流通的吗？

这是一个大手术，因为控股股东要给流通股东 10% ~ 20% 的补偿。在我看来，这严重违背了股东平等的基本市场规律。但政府却坚持，认为控股股东就是不应该随便卖股票。政府可以这样做，因为绝大多数上市公司都是国有的。政府的考虑出于政治稳定、社会安定考虑，希望损失惨重的散户能够高兴，认为政府做了点好事。

（5）最后，很多地方政府，为了增加当地的上市公司数量，增加就业和税收，跟公司关系密切，甚至虚增财务数据。此外，它们甚至在这些公司上市前，给公司提供补贴，甚至是有利益转移之嫌的合同，让这些公司能够在IPO的时候融到更多的资金。在过去20年里，通过这种欺诈手段从散户那里掠夺了数十亿元的资金。类似欺诈案的曝光，倒了许多投资者的胃口。许多人不讲规矩，有一个例子。每个人都往大街上丢垃圾，但大家都在问"街上为什么那么脏？"

为什么中国股市表现这么糟糕

听起来似乎不可理解：过去20年、10年甚至5年内，国内股票市场的表现都非常差。只要你剔除极度泡沫的2007年，中国的股市怎么看怎么差。要记住，这可是在中国名义GDP和实际GDP增速都高达两位数、流动性极度宽松的情况下发生的！过去26年，广义货币供应量（M2）的年复合增速为21.1%。难道说，股市表现太糟糕，是因为GDP、货币供应量和银行贷款的增速太快了？

我的结论是：在过去20年，除了股票供应量的增加之外，是通货膨胀拉低了股市的估值。到底是为什么呢？

无论政府怎么做，也无论投资者是真糊涂还是假糊涂，股

票和其他资产是一样的,股票的市盈率倍数是市场利率的倒数。市场利率越高,资产价格就越低。这在债券市场非常明显。

就如巴菲特所说的那样,股票也是债券,区别在于它们是永久的债券。和债券相比,股票的波动更大,风险更高。

随着通货膨胀持续走高,市场利率同样会上升(投资者和储户要求补偿购买力的下降)。基准贷款利率和存款利率被行政手段控制,但这改变不了市场这只"看不见的手"继续发挥作用。影子银行就是政府传统银行体系定价不科学的一种表现。银行的利率偏离合理的利率越多,影子银行的利率就高得越离谱。

2001年12月,巴菲特在一次演讲中详细阐述了通胀和股票估值的负相关性,名义利率的重要性如表12—1所示(卡罗尔·卢米丝后来把这个观点写进了2012年的一本新书——《踩着舞步去上班》):

表12—1 道琼斯工业指数

年份	指数
1964年年底	874点
1981年年底	875点

资料来源:卡罗尔·卢米丝,《踩着舞步去上班》,2012。

在那17年间,道琼斯工业指数从874点增长到875点。换句话说，它基本上没有动。

在紧接着的 17 年里，它却从 875 点增长到 9 181 点，翻了 10 倍！

是因为第二个 17 年的经济增长更快吗？根本不是，事实恰恰相反。在头一个 17 年里，名义 GNP 增长了 373%，而第二个 17 年，名义 GNP 只增长了 177%。那股市表现巨大差异的原因是什么呢？巴菲特将其归因于债券收益率的差异，或者说，市场利率的差异。

巴菲特指出，利率和股票估值成反比。大家请看长期政府债券收益率（见表 12—2）。

表 12—2　　　　美国长期政府债券收益率

年份	收益率（%）
1964 年年底	4.20
1981 年年底	13.65
1998 年年底	5.09

资料来源：卡罗尔·卢米丝，《踩着舞步去上班》，2012。

巴菲特 1977 年在《财富》杂志上发表了一篇文章，《通胀是如何欺骗股票投资者的》。他指出，企业的净资产收益率长期看基本上是稳定的，美国的这一数字保持在 12% 左右。但由于

通货膨胀的存在，收益率贬值了，需要剔除通胀率。这和债券是一样的。商品价格跟随通货膨胀而走高，所有企业的生产成本都在上升。通胀来临，净资产收益率大打折扣。

未来十年中国的股市前景如何？很遗憾，我不知道。

但总体来看不容乐观。因为看起来并没有宏观调控政策是用来紧缩信贷供应量，以打击通胀的。

在本书将要印刷之际，央行公布了 2013 年 5 月的广义货币供应量（M2）的数据，2013 年 5 月底 M2 同比增长 15.8%。尽管这已经比过去 12 年 17.7% 的年复合增长率有所下降，但考虑到已经很高的基数，这样的增长率仍然是非常高的。尽管某些中国官员纷纷批评美国的 QE2（第二轮量化宽松政策），但实际上中国早就开始 QE7、QE8 了！

如果中国根本没有影子银行，银行利率就是唯一的利率，那么无论银行提供怎样的服务、定多高的利率，储户和企业都只能无条件接受。在这样的情况下，我们就能够用银行利率作为折现率来对股票进行估值。

但是，影子银行这个"妖怪"早已经从瓶子里跑出来了。

13

道德
与监管

对我来说，小额信贷、消费者金融、典当、普惠金融和中小企业金融只是同一棵大树上的不同分枝。小贷公司会损害穷人的利益吗？我不清楚。但一个同样可笑的问题是：一家百货店会损害消费者的利益，让消费者变穷吗？

13
道德
与监管

小额贷款会伤害穷人的利益吗？我不知道。但我可以基于个人经验给出一些看法。我认为，由于大众受到一些政客误导，以及不同行业不同政策的监管条款，推高了次贷市场的利率，而这确实损害了普通大众的利益。

如果大众和政府真的在乎社会效应的话，那么应该放松对这个行业的监管。

名称不重要

对我来说，小额信贷、消费者金融、典当、普惠金融和中小企业金融只是同一棵大树上的不同分枝。当我刚成为万穗的董事长时，我的一些同事让我用"小额信贷"来称呼我们自己，而不要用"微型金融"，因为后者有负面含义。为什么呢？在一些发展中国家，人们认为微型金融的高利率损害了穷人的利益。

当然，我只好听从了他们的建议。

过了一段时间，我又被要求用"中小企业金融"来自称，因为我们主要是为中小企业服务的，而不是普通消费者。在我看来，这些名称只是文字游戏而已。

首先，这些公司都有共同之处：它们都做小额贷款；信贷风险都比较高，这些客户中的大部分其实是次贷客户；管理这些贷款的成本也很高。

其次，在中国、孟加拉国和印度这样的发展中国家，给小企业借钱和给它们的企业主借钱其实是一样的。在万穗公司，尽管我们借钱的时候都要求该企业客户有不错的现金流，但是签约的时候，大部分都是直接和企业主签约。即使在极少数情况下，我们和企业签署贷款合同也会要求企业主做担保。在大部分情况下，贷款抵押物都是企业主的住房或是其他个人财产。

公说公有理，婆说婆有理

一些积极支持小贷行业的人认为，小贷行业帮助很多人脱离了贫困。而反对者则认为，高利率让穷人越来越穷。无论是支持者还是反对者都能举出一大堆的证据。

20 世纪八九十年代，我的父母就从湖北省的马良城镇信用社受益良多。当然，信用社和小贷公司还有很大的区别。信用社的存款利率很低，因此它们对外的贷款利率很优惠。它们的利率只比基准利率高一点点。

我在万穗工作的第一个月，我 78 岁的老父母从湖北省荆门市长途跋涉来广州花都看我。万穗的年轻员工们给他们留下了深刻的印象，但他们认为，万穗更像是个典当行而不是信用社，因为万穗收取的利率很高。基准贷款利率为 6% 左右，而万穗的贷款利率则高达 22% ~ 24%。有些小贷公司甚至收取 30% ~ 40% 的年利率，而监管机构也是睁一只眼闭一只眼。

确实，要规范这个市场简直是不可能的。问题是，为什么小贷公司要收取这么高的利率呢？我的答案很简单，因为它们能，也因为监管部门把它们的成本抬得太高。

第二个问题，是什么造成了信贷的供需不平衡呢？

首先，我认为政府和大众都存在误解。他们看不起小贷行业。由于存在这样的态度（包括对典当行、小贷公司、消费者金融和中小企业借贷），相关的监管一直都很苛刻。

只要看看其中的一些规定，就能明白大概是怎么回事了。

一个小贷公司必须有 10 个以上合格的股东。最大的股东持股比例不能高于 20%。

这条规定是什么意思呢？政府的逻辑是，避免大股东在公司经营上有太大的话语权，或者携款潜逃。但这些规定不但没有作用，还大大降低了小贷公司的效率。你想啊，对于一个初创的民营企业来说，一般很难找到那么多理念相同、愿意长时间一起创业的股东。要知道，小企业的股东们几乎没有什么投资退出的渠道，这不像上市公司可以随时卖股票走人，他们几乎只有把股份低价卖给其他股东一条渠道。在这种情况下，凑齐 10 个以上股东的搜寻成本是很高的。更糟糕的是，很多地方政府还对股东设定了很高的标准。举例来说，在大多数省份，合格的股东必须是当地居民，还要有收入和财富证明。如果企业实体想成为小贷公司的主要股东，注册资本不能低于 5 000 万元，过去三年的净利润也有相关标准。

为了满足上述苛刻的要求，许多股东都纷纷夸大他们的资产和收益。结果，许多小贷公司看起来符合要求，实际上都是一个人控制的，其他股东都是"幽灵股东"，代持大股东的股份。如果想鼓励欺诈的话，那么这条规定倒是很成功。

再想想公司资金的安全性问题吧。谁更有动机携款潜逃呢？是一个持股 20% 的股东，还是一个持股 100% 的股东？当然是前者！作为操盘的大股东，持有 20% 的股份和持有 70% 的股份在权力上有什么区别吗？当然没有！

在具体管理层面上，政府的规定同样缺乏逻辑理性。对于公司来说，应该有一个活跃的控股股东来主导公司的经营。如果一个人做完了所有的工作，却只能获得 20% 的收益，他能有多少积极性呢？另一方面，如果出现问题，他也只会损失 20%，这会不会产生激励不相容的问题呢？让各个股东互相制衡，听起来很不错，但联合国不正因为制衡而效率奇低吗？对于公司来说，决策效率是非常关键的，所谓的制衡并不是企业管理所必需的，制衡也未必能够达到防止欺骗的目的。

举债比例不能超过注册资本的 50%

对我来说，这是赤裸裸的歧视条款。任何其他行业的公司，只要有人愿意借给它们，它们想借多少就借多少！为什么单单限制小额贷款公司呢？这件事，为什么政府不让银行来决定呢？如果政府认为银行不能自己做这样的决定，为什么又赋予它们吸收存款和发放贷款的权力呢？这些歧视性的条款损害了小贷公司的盈利能力，最终则只能通过高利率转嫁给借款人，伤害借款人。

中国银监会禁止小贷公司的贷款证券化

这其实限制了流入小贷行业的资金量，因此也进一步推高了它们的贷款利率。对小贷公司来说，对外融资能够增加它们的贷款能力，降低融资成本，最终降低贷款利率。但很可惜，由于银监会的禁令，这根本无法实现。2013 年年初，我对一些小贷公司做过抽样调查，结果很失望。一些银行由于各种原因，甚至还降低了对小贷公司的贷款。换句话说，现在小贷公司的负债还远远不到注册资本的 50%。

银行不愿意小贷公司作为它们的贷款中介，即不能做助贷业务。

这同样损害了处于弱势地位的小贷公司的利益。最终当然也提高了它们的成本,导致它们的贷款利率很高。

很多地方政府还限制当地小贷公司的总数量。

所有这些限制都增加了小贷公司的运营成本,这些限制伤害的实际上是消费者和中小企业。

2012 年 1 月在北京召开的一次会议上,我被选为"小额贷款年度人物",我发表了一个简短的演讲。我说:"小贷公司的首要目标就是利润最大化。"这种说法让很多在场的政府官员甚至是业内人士很出乎意料。但那是我的真心话。

在此前的许多研讨会上,政府官员和业内人士都把道德摆得很高,只谈论服务大众和社区。但让人看不懂的真相是,小贷公司既不是非营利机构也不是慈善机构。它们的目标和银行、餐馆或煤气公司并无二致。作为一个商业企业,只有盈利才能让公司处于良性循环,才能更好地为社会服务。

一个官员在我演讲结束后问我:"你们万穗盈亏平衡的利率是多少?"我回答道:"如果收 7% 的贷款利率,万穗可以不亏损。"

"好的,为什么你们不收 7% 或 8% 的利率呢?为什么要收 24% 那么高的利率呢?"

我反问道:"你会关心银行的盈亏平衡利率吗?或者是一个餐馆的盈亏平衡价格?"

事实是,如果小贷公司没有足够的利润,那么许多资金就会离开这个行业,而员工就会因为薪水没有吸引力而离开,也不会有新的资金进入这个行业。那么,小额贷款的供需关系会更加紧张，次贷市场的利率会比现在更高。

小贷行业没有能力承担"让大部分人脱贫致富"的沉重负担。小贷公司只是一个公司，就像其他公司一样。小贷公司会损害穷人的利益吗？我不清楚。但一个同样可笑的问题是：一家百货店会损害消费者的利益，让消费者变穷吗？

让我们来谈谈大家对这个行业的误解吧！

就像我一样，在没有进入这一行之前，我对小贷行业也有很多主观臆测。最常见的就是，小贷公司都在赚暴利。但事实是，人们常常低估运营一个小企业的巨额运营资金，特别是监管所带来的额外成本。

在万穗的时候，我常常接到其他人或其他公司的电话，他们说有一些闲钱，可以借给我们，或者是购买万穗的贷款组合。他们要求的利率是多少呢？15% 甚至 20%！我无言以对。

我们向客户收取 20% ~ 24% 的利率。当需求疲软的时候，我们甚至只收 15% 的利率。如果我们以 15% 甚至 20% 的利率融资，再加上运营成本、税收和坏账，以及大量的时间和精力，我们不就亏死了吗？

我在万穗的两年里，时不时能看到很多官员对这个行业发表各种评论。他们常常来万穗参观，称赞我们对社会和大众所做的贡献。他们承诺政府会考虑给我们减税。

但是，就像你能猜到的那样，什么也没有发生。

小贷公司的确有极少数减税的机会，但是那需要极其烦琐的手续，要和某些官员打无数次高尔夫，吃无数次饭，还可能要给某些官员相当的经济好处。

对我来说，要做那种事情，还不如放弃税收优惠。

是不是小贷行业没有道德可言？当然不是。我们这个行当是国内最难的？也不是。

我加入万穗的第二天，早上八点我在公司门口碰到两个陌生人。那对父子是万穗的客户，他们开了一家粤菜餐馆。他们说，他们只是想过来问候一下万穗的新董事长。很显然，我的同事们向他俩说起过我。那位父亲说，他非常感谢万穗对他的帮助，能不能让他17岁的儿子来万穗实习几个星期，只是为了学习万穗的做事方式。我们有很多客户对我们特别感激。然而，商业始终是商业。我们也曾为了拿回本息，强制收回客户的抵押物。过去三年，我们还起诉过六七个客户。当然，这只是我们3 000～4 000多位客户中极小的一部分。

收贷款的时候，需要有很多打手吗？万穗从来没有那样做。事实上，90%的小贷公司都是合规的。当然，也会有些公司铤而走险，还有一些非法的高利贷公司损坏了行业的声誉。

小贷行业还有一些其他的违法行为，比如借款利率高于基准利率的4倍限制。它们通过各种形式的手续费来收取超规的利息，或者在放贷的第一天就收取利息，或是按月收取利息，而不是在还贷的时候一次性收取利息。这些行为，都增加了借款人的成本。

两年前，我参股了湖北的一家小贷公司。当我知道上述伎俩之后，我把股份卖给了它的大股东。我感觉终于解脱了。

除了这些例外，总体来说，小贷行业是一个很实在的、服务于人的赚钱行业。就这么简单。

这个世界有些人很穷，当然有各种各样的原因，但显然小额贷款不是其中的原因之一。

中国人应该感谢影子银行

（1）影子银行正在帮助中国人打破银行存款对储蓄者的长期低利率。影子银行告诉了中国人三件事：通胀究竟是多少？存款的合理价格究竟是多少？长期以来，中国的真实利率是什么情况？导致烂投资、产能过剩和地产泡沫以及恶化社会不公的原因是什么？

（2）影子银行质问有关人士：在理财产品高速增长的情况下，75%的贷存比例有意义吗？

（3）咱们还是实在一点：存款保险制度（如果引进的话）应该覆盖理财产品。咱们不要骗自己。你即使不覆盖，银行也脱不了干系。世界上理财产品千万种，一旦银行选择了代销某种产品，其实在道义和法律上，它已经承担了责任。

（4）影子银行迫使传统银行提高效率。

（5）影子银行支持上亿人的就业，并往往是弱势群体（小企业和低收入的消费者）的唯一去处。中国人啊，难道咱们不能享有平等的"融资权"吗？

（6）影子银行的资产质量要么跟银行贷款相若，要么更好。小贷公司、典当行和民间借贷人士用的都是自己的钱，十分谨慎，况且它们基本没有杠杆，盈亏自负，你瞎担什么心？

14

若有若无：
P2P监管的智慧

我一直批评政府的很多项监管。但是，我歌颂政府在 P2P、民间借贷和财富管理等方面的监管智慧。它可以用一个词来概括：若有若无。任何监管都有成本，它杀死经济的活力。它直接导致腐败。它并不能避免坏人行骗。相反地，市场这只无形的手随时在监管。

14
若有若无：
P2P 监管的智慧

连 e 租宝都出事了。大家惊呼："要加强监管！"。集贸市场上，有人行骗，大家立刻要求："严打！"。按照这些人的意思，最后，中国的趋势是，打哈欠也要报省政府审批，成立一百个发改委也不够用。

大家需要问这样几个问题：

（1）为什么那么多人明知风险，却把大笔钱交给 P2P 公司和理财公司？答案是：银行的利率太低。为什么太低？答案是：政策错误。

（2）为什么那么多人（和企业）愿意承受那么高的利率，到黑市、民间市场和 P2P 市场借那么多钱？答案是：咱们的银行制度太腐烂，无法顾及弱势群体。我一直批评政府的很多项监管。但是，我歌颂政府在 P2P、民间借贷和财富管理等方面的监管智慧。它可以用一个词来概括：若有若无。任何监管都有成本，它杀死经济的活力。它直接导致腐败。它并不能避免坏人行骗。相反地，市场这只无形的手随时在监管。它更加有效。它减少腐败。"跑路"不可怕。"跑路"是优胜劣汰的一种形式。它还是教育大众之必需。长期以来，我对中国政府在整个影子银行领域的监管，意见很大，并且著书批评。不过，我认为，在对 P2P 行业的监管方面，中国政府的"若有若无"的政策非常英明，值得其他国家的监管部门学习。

P2P 就是民间借贷

P2P 其实就是"民间借贷"，它包括通过互联网进行的（即线上的）和线下的，传统的和新派的。在中国，民间借贷从来就是合法的。20 世纪 80 年代，我在中国人民银行工作时，曾经参加过政府部门对民间借贷的讨论，和对非法集资活动的"打击"。现在回头看，与其说当时打击的是民间借贷，不如说打击的是民间借贷中的欺诈活动（比如，庞氏骗局、卷款跑路等等）。

政府对民间借贷（包括它们的利率水平）从来就没有真正规范过。现在中国真正的 P2P 公司其实就是民间借贷的服务机构，或者中介机构。如果民间借贷行为属于合法行为，那么中介机构的存在和业务也就合法，也就不需要专门持牌（报批），或者监管。它们属于普通工商企业，与职业中介、婚姻中介和房产中介无异。它们由工商行政管理局监管足矣。

但是，鉴于业务的敏感性，如果在银监会成立专门的机构监测、研究，以及"在确有必要时干预"这个行业，也无不可。几年来，银监会和人民银行一直高度关注 P2P 行业，但是，迟

迟不出规章或法律（尽管有人呼吁）。这是极端高明的表现。原因是，这个行业太年轻，未来究竟如何，只有上帝知道。任何规章和法律，一旦出炉，不管多么糟糕，很难修改，更难废除。

小贷行业的监管问题

你看，现在几乎每个人都知道，中国的小贷行业监管制度非常糟糕，但是，这个制度会长期存在。小贷行业的监管究竟有什么问题？

（1）审批制逼着很多人做了不应该做的事（送礼、求情、作弊等等）。

（2）股东结构的限制逼着很多人做了不应该做的事。而且那些限制有违常识，有百害无一利。

（3）杠杆限制。

（4）地域限制。

（5）利率限制。

有人可能说，"你看整个 P2P 行业都亏钱！"但是，你想想，人家喜欢亏钱，关你何事？！你骂京东骂了那么多年，但是，人家不是挺好吗？亏钱的 P2P 公司跟亏钱的电商和团购一样，人家就是喜欢为人民服务。何罪之有？你又说，"他们 P2P 公司跑路了！"但是，至少大家知道他们跑路了。这不是比老式的、黑箱作业的民间借贷更光明、更透明吗？难道传统的民间借贷没有跑路的吗？不要以为缺乏监管就是坏事：市场这只无形的手时刻在监管！消费者的眼睛是雪亮的。也不要以为监管就是好事：监管带来的恶果经常大于好处。

剑不出鞘。这是银监会和人民银行的高明之处。

P2P 都是骗子吗？

国内 P2P 平台良莠不齐，出问题的平台不少，但是，也有大量的优秀企业。它们从开始就是认真在做，风险防范也不错。当然，任何投资都有风险。

据我片面的理解，中国 P2P 平台基本上通过三种办法来化解风险：

（1）第三方担保（比如，通过担保公司或者小贷公司的担保或者坏账回购）。

（2）通过独立的风险基金来达到同样的目的。

（3）通过对底层资产（即贷款项目）的直接掌控来化解风险：大额的贷款有实物抵押，小额的贷款则依靠风险分散和控制。

最近，有些朋友向我查询安全的 P2P 投资平台。我的接触面有限，不过最近两年，我研究了，并且也投资了不少钱在 P2P 平台上。另外还有大量类似的平台，一定也很不错，只是我不熟悉而已。多数 P2P 平台的年回报率都在 10% 上下。这是一个很不错的回报率。从中长期来看，没有股市或者债市可以跟 P2P

市场媲美。这是一个较高风险的市场，相应地，它的回报率也很高。分散投资可以化解一部分风险。我在资金比较集中的时候，曾经遇到难把资金配置出去的困扰。一般在年底时，容易投资。股市好的时候容易投资。以下几家公司我比较看好。

（1）信而富（www.crfchina.com）。这是一家有12年历史的"老公司"。创业者王征宇博士长期在美国从事消费者信贷管理，是业内前辈。从2006年以来，每个季度都根据国际会计准则进行独立外部审计，非常讲究贷款的"小额，分散，严谨"。公司的运转以模型和统计学为基础。信而富在全国30个城市有3 000多名员工，基础资产扎实。我本人两年来一直滚动投资于信而富。缺点：进行线下投资后在网站上查询，不是很直观。线下投资后有投资协议，给投资人有更加踏实的感觉。年化收益率12%左右，让人满意。坏账通过风险基金解决。

（2）开鑫贷。以"国家队"的形象示人（股东硬）。其投资起点较高，单笔投资无上限，投资最长期限一般为9个月，投资收益率较低，一般为年化率9%左右，还得扣除收益的10%手续费。对于资金量大的客户可以考虑投资该平台。我曾经在这里投资，它的伙伴银行（南京银行）还派员到湖北跟我的代理人见面，让人感动。服务极好，利率较低。

（3）淘淘金。这是泛华金融去年下半年推出的P2P平台。泛华金融多年来为买房者提供按揭类贷款或者按揭服务，因此淘淘金的项目均以其自己的底层资产为基础：实在，安全。泛华金融的母公司（泛华保险经纪）是在美国上市的大公司，安全度高。它所有线上标的资产均与线下资产对应，利率与期限都不错配，让投资人可以清晰知道自己所投资的资产。淘淘金通过开店的模式推广产品，多了人情味，客户体验好。我熟悉管理层，已经注册投资。

（4）苏州钱袋（www.suzhoumoney.com）。它是总部在苏州的香港主板上市公司，中国汇融（1290.HK）的子公司。它以中国汇融的几十亿元抵押贷款（典当）为底层资产，安全、可靠，无须仰仗别人的资产。

（5）拍拍贷。我跟两位创始人，张军和顾少丰，有过长谈，了解他们的哲学和风险控制体系。我认为他们很严谨，很卖力，只是我个人尚未作为消费者体验他们的平台。我准备近期试试。

（6）陆家嘴金融交易所。很活跃，安全，大众熟知。我对它早期的历史很熟悉，很欣赏管理层。但是我近期跟踪太少。对我来讲，回报率也许太低了一点。

P2P是个高风险的投资品种，并不适合每个人，也不适合太重仓。它只能是家庭资产组合的一部分。业内的骗子确实不少，但是好公司也很多。

作为"老愤青"，我经常批评政府的金融监管太严苛、太死板，扼杀了活力。有时我的批评太多了。但是，该赞美的时候还得赞美（该拍的马屁还是要拍）。我认为，人民银行和银监会在监管P2P行业时的平衡术十分英明，有艺术。用一句话概括：

让鸟在笼中飞。P2P平台无非就是自古以来就有的民间借贷的现代化而已。它不是洪水猛兽。它比在黑暗的街角的偷偷摸摸好了一万倍：效率更高，透明度也更高。

我理解，政府的政策要点是：

（1）有严格的红线（不准设立资金池，不准吸储，不准担保）；

（2）与同业自律密切配合；

（3）避免过时的、有害的禁止或者审批；

（4）大众教育做得不错，从开始就培养"风险自担"的意识。

一家不寻常的 P2P

8 月份的一天，我应邀参加了恒昌财富管理公司第三集团军中层干部（营长、连长之类）的培训活动，大开眼界。恒昌财富跟宜信的规模差不多，在全国的 300 多个城市，有 1 200 多个网点（大约一半为财富管理，一半为信贷），46 520 个员工（这个数字正在快速上升）。

国内类似的大机构有宜信、信而富、捷越、证大财富以及夸客。

晚上六点，我被接到了恒昌在北京密云的职场训练营，跟 200 多个员工一起吃晚饭。家常菜做得真好。整个训练营是恒昌长期租用的，经济实惠。我联想到了沃尔玛在休斯敦的营地。

七点钟，恒昌的大区副总裁潘磊跟大家讲激励、关爱和拼命。他口若悬河，我真的没见过他的敌手。我们所熟知的官员大多是"照本宣科"，脱了稿子不会说话，而且"假大空"居多。潘磊不是。两个多小时，他像打机关枪一样没停过。他的排比句，他的实例，他的朴实见解贯穿了整个演讲。从他贫困的农村老家，到勤工俭学，再到他在海尔电器工作时的经历，以及他如何带领团队冲业绩。高潮当然属于他拒绝猎头的千万年薪"挖脚"，和每天打电话太多，以至右耳失聪。听众聚精会神。我有一次几乎落泪。

十点多钟，轮到我这个资本市场的老愤青。我的演讲当然是，哎，你知道的……夜里十一点多，压轴戏。公司的创始人秦洪涛讲公司的海内外战略和个人经历：坦诚、自然。此君也是一个每天工作 15 个小时的人。有时候半夜两三点钟还在发短信。他反复讲合规和凝聚力。公司的业务状况，我早上刚跟他聊过，有很多数字和细节，不便披露。不过，我有刘姥姥进大观园的感觉。

我觉得美国的 Lending Club 太小儿科了。三个人演讲之前，200 多员工都肃立，鼓掌，三呼"我爱恒昌！"本人在赤裸裸的投行混得太久，不习惯这一套。近 30 年，我几乎没有参加过大型集会。不过，我坦白，恒昌让我大受感染。会议中间和后来，几十号员工过来交换名片、合影、问候、签名和提问。一切完毕，我回到酒店，半夜两点刚过。潘磊讲完后，乘飞机去了烟台。

　　我正要睡觉，收到潘磊的短信。他表达谢意，但也有几个问题。我的嗓子好像哑了。打开微信，看到一堆恒昌人的"请求连接"。局外人对 P2P 或者创业者品头论足的时候，有多少人知道这些员工和高管们所付出的代价！？　如果政府的监管能够继续宽松，那就太好了！不过，在 P2P 行业，目前中国的监管可能是世界上最好的！基本上无为而治。市场这只无形的手，一直在忙碌监管。

后记

金钱、地位和家庭

在香港，金钱和社会地位对某些圈子里的人来说或许是最重要的两样东西，我所在的圈子也不例外。

但是，在墨守成规的银行业，我有时被视作一个叛逆的、不按常理出牌的局外人。

其实年轻的时候，我也试着表现得和其他人一样（特别是在武汉读书、在北京读书和工作时），但没过多久我就放弃了。在堪培拉读书和教书的五年多时间，我几乎完全放弃了"随大流"的想法。也许那是一个培养个性的地方。香港虽然地方不大，但比较能够包容各种差异，而且我在这里安家已经将近19年了。

从瑞银辞职、离开投行，让我有机会在金融业一个不起眼的小圈子里发展，我感觉也很不错。我不知道这算不算叛逆，也许我很早就看淡了金钱和地位的真正内涵，这都得益于我儿时的经历。

乡下的"二等公民"

1963 年，我出生在湖北省荆门市的一个农民家庭。那里地肥水美，我的祖辈虽然很贫穷，但自给自足、怡然自乐。然而，社会的动荡和巨变打乱了我们平静简单的生活。

在当地，我们家的经济相对稍微宽裕一点，因此，我父亲在 13 岁时有机会到学校读了一点点书。在新社会里，我祖父的政治背景成为我们家痛苦和屈辱的源泉。1947—1948 年，我的祖父曾经在国民党政府任职。

过去 60 多年来，中国人被分为两大类：城镇居民和农村居民。这并不仅仅是统计意义上的松散分类。事实上，这意味着很多事情，对很多家庭来说，甚至是不可跨越的鸿沟。

中国的户籍制度非常严格，农村居民往往被很多人认为是"二等公民"。在城乡之间，医疗、教育、食品供应、就业机会等各方面存在显著的差异。

我知道我之前的"低等地位"，虽然我们村距离马良镇只有 8 公里。但这 8 公里的差距就是，村民们为了糊口而日夜操劳，而镇上的人却衣食无忧，不论天晴还是下雨，他们都能有稳定的收入。这是多么大的反差！

我 14 岁的时候，开始读马良高中。班里有些同学是马良镇的，他们在很多方面都显得比我优越，他们玩各种游戏，见识很广，说话的方式都不一样。

　　我相形见绌，有点自卑。尽管我的学业成绩不错，我知道农村的孩子最后都要回到农村，耕地种田，面朝黄土背朝天。而那些幸运儿，则可以很顺利地找到公务员、国有企业的轻松工作，写写宣传标语之类的。

　　当我看着那些镇里面的孩子，听着他们说话的方式，至少在那一刻，我仿佛看到了我暗淡的未来，我感到命运很不公平。

　　我梦想能改变我的社会地位，但是我知道希望渺茫。终于，命运女神向我微笑了。1979 年，我勉强考上了大学（湖北财经学院，后来它改成了一个听起来更大但是没有实质意义的名字），我是我们高中那年唯一的大学生，事实上，也是马良中学仅有一个考上大学的学生。几年以后，那所高中被降级为初中。在接到大学录取通知书以前，我的梦想是去读中专，大学对我来说太遥远了，简直就像白日梦一样遥不可及。

　　终于，我离开了农村。我上了大学，之后去了中国人民银行总行工作，这改变了我的社会地位。我不仅成了城里人，还成了北京人。在当时，这可是了不起的事情！

　　1986 年，我从中国人民银行研究生部毕业以后，开始在北京的中国人民银行总行工作。我的家庭地位已经不再是问题了。你可能会说，我对这些太敏感了。但是，我的确付出了很多努力，才让中国人民银行的领导们接受我加入共产党。1985 年，我终于成功了。这对我家来说是一个巨大的胜利。那时候，我家还没装电话，我发了封电报给我父亲，告诉他说我终于入党了。他非常高兴，竟然很快通过邮局给我汇款 115 元，作为奖金。他在汇款留言中说：买辆自行车吧！那个钱当时可以买一辆永久牌自行车了，有意思的是，那个车价 30 年来没怎么变过。

当我买了自行车，我在想父亲要花多少年才能攒到这些钱。我的父亲当时已经 50 岁了，他连木匠活儿都有点干不动了。那年，我老家农村又被荆江分洪淹没了。为了保住武汉，我的老家好多次被迫做出牺牲。因此，买了自行车之后，我感到很兴奋，同时也很有负罪感。

农村小额贷款业

我在央行工作的时候，经常有机会到偏远的农村去调研。所到之处的农村信用社和小贷市场常常让我感到惊喜。1983—1989 年，我和马良镇的信用社联系挺多的。这个信用社是 1958 年成立的，所有的村民，包括我父母，都是信用社的成员（股东）。每个成员用 10 元钱可以购买 10 股信用社的股份。信用社的计划是吸纳农民的存款并贷给他们中需要借钱的人。

这项计划只是个乌托邦，实践证明很失败。

全国范围而言，过去有不少的信用社由于管理不善而破产，只有央行的印钞机能把它们救活。2011 年年底，也就是我在万穗的时候，我给一个企业家做过顾问，帮他在安徽省收购一个农村信用社联社。这让我看到了信用社成堆的坏账和糟糕的情况，这提醒我全国还有许许多多这样的信用社。20 世纪 80 年代后我再没去过老家的信用社，也不知道它的命运如何。但鉴于当前的监管体制，信用社的衰败和消亡只是时间问题。

为什么我要做出这样悲观和大胆的预言？政府限制了农村信用社的经营地域。每一个村或镇只有一个信用社，而每一个信用社也只能给附近的一小块地方提供服务。这条规定是 1949 年定的，到现在这么多年过去了，从未变过。结果是全国的许许多多信用社都是垄断经营，但是发展不大。

这些信用社按照规定不能向其他区域扩展业务，所以它们的规模一直很小。它们彼此没有竞争或者合作关系，因此不需要强壮，也没有可能兼并。它们成了无数个弱不禁风的小垄断。举例来说，如果当地的农产品主要是蘑菇，那么这个信用社就拜每年的蘑菇产量所赐，看天吃饭。如果另一个邻镇主要出产棕榈油，那么该镇的信用社将和棕榈油行业息息相关，而且它们没有规模经济。

近几年，一些农村信用社开始联合，成为农村合作银行。这是很大的进步。事实上，重庆农村商业银行就是这样建立的。我很喜欢这家银行，这甚至可说是我个人最大的一笔投资。

但是，从 2008 年起，政府用对待农村信用社的老一套，来监管小贷行业了。

举例来说，广东省每一个县级单位都只可以成立一个小贷公司，但营业范围限制在当地，禁止越界。2012 年，我们能看到这一规定有了一些松动，但结果大同小异。在全国范围内，许许多多弱小的小贷公司挣扎着。政府该做些什么来帮帮小贷行业，以及广大的中小企业和次贷消费者呢？

我认为以下几点非常紧要。

首先，提高小贷公司的杠杆率，从注册资本的50%增加至100%。这也是许多地方政府所呼吁的，只是银监会一直拒绝。

我计算过，仅这一项改变就能使小贷行业的净资产收益率增加2%。整个小贷行业的贷款能力可提高1 000亿元。

其次，允许小贷公司不受地域限制地开设办事处。这将扩大它们的客户群，从而避免客户过度集中、降低贷款风险。小贷公司间的竞争能提高行业效率并降低贷款利率，也会出现并购，但这是健康的。这会大大提高行业的平均效率。6 000家规模太小的公司意味着大量重复性的工作。

再次，银监会应当放开限制，让小贷公司有权通过信托公司进行资产证券化。是不是可以进行资产证券化，应该由小贷公司和信托公司自己决定。

最后，银监会应当对小贷公司的抵押贷款做出积极的说明，而具体的细节应该留给小贷公司和相关的银行来决定。

永远的不安，永远的焦虑

在万穗工作的头两个月，我享受着新挑战带来的改变和兴奋。但我的长期计划是什么呢？

我的妻子 2008 年辞去了私人银行客户经理的工作，在家照顾两个孩子。当我辞职的时候，她提醒我，我们将没有稳定的月收入，为我们的未来担心。我只是含糊地回答道，万穗是一个跳板，我们将在此基础上建立起我们的事业。

一天晚上，我妻子在香港汉基国际学校参加我儿子同学的一个生日聚会，回来后她向我转述了聚会上一位势利母亲的问话。那位母亲问我究竟在做些什么，小贷公司到底算不算真正的生意。

正好在一周前，我九岁的女儿也好奇地问我，是不是真的变成了"高利贷商人"。我开始把这些联系在一起，认真考虑我妻子的话，以及我在万穗的未来。

我并不天真。我深知无论是在香港还是别的地方，金钱和地位都非常重要。我并不反感人们通过一个人赚钱的多少和社会地位来评价他人。我们每个人或多或少都有点势利，不是吗？

我妻子对我离开投行进入小贷行业是不赞同的。2006 年 3 月，我离开瑞银到深圳控股工作。第一天上班，我妻子开车送我到公司，我们一起走进九龙尖沙咀的办公室。

她看了看我简陋的办公室，把我的记事本和字典放在办公桌上。我送她下楼时，发现她眼中闪着泪花。

"中环的国际金融中心究竟有什么不好？"她问道，"你为什么会想要这样的工作环境？"

我认真想了想她的话。我这样轻易地放弃了在香港辛苦奋斗多年的所得，是不是犯了一个大错？

2011 年 6 月，我第二次离开瑞银（实际上这是第三次，因为 1994 年我曾经在瑞士银行工作，一直到 1995 年该银行与英国的华宝银行合并），她更难过了。

考虑到家庭的话，她也许是对的。

2011 年，我和媒体、投资人的蜜月过去后，我发现自己身处一个冷血无情甚至充满敌意的监管环境中。每天早上，当我从广州市郊区新东豪经济酒店的床上醒来，我确实感觉有些无助。有时，我甚至觉得自己在做无用功。

我的妻子出生于南京，她的父母都是中石化的工程师。她出生于 20 世纪 60 年代，还有一兄一弟，能够想象，她的童年是很艰难的。她父母都要全职工作，没时间照顾三个孩子。她三岁的时候，就被送到天津的爷爷奶奶家，和她叔叔姑姑们一起住了五年。那是艰难的岁月。有些记忆至今还困扰着她，就像我也有难以抹去的苦涩的儿时记忆一样。

1989 年，她从上海外语学院毕业，在深圳工作了几年，后来移民加拿大，1999 年在美国印第安纳大学获得 MBA 学位。之后，她到香港 UBS（我在那里认识她）、美林证券和摩根士丹利的财富管理部工作。

像我一样，她经常为钱的事情而焦虑，即便按照一般人的标准，我们已经有相当多的储蓄了。也许，她在帮很多有钱人理财十来年之后，她的财富观也多少受到一些影响。

由于童年时期过得都很艰难，我俩都深知节俭的重要性。我了解这个圈子里有很多人通过工作和投资赚了大钱，对他们来说，省钱根本就不重要。我有时候难以理解，为什么那些年轻的投行人员，要花那么多钱来租豪宅、开豪车，或者是度假的时候坐头等舱。虽然我赚的也不少了，但是我不希望自己这样做。

也许，是牛市让大家感觉赚钱太容易了？我的一些朋友根本就不相信经济会出现持续低迷，或者生活条件会突然变得窘困。所谓的"居安思危"、"生于忧患，死于安乐"还是我们应该坚持的信条吗？我相信是。

在投行之外做投行业务

2012 年 8 月，在移交万穗的日常管理工作之后，我回到香港开始下一步计划。

我妻子明确地希望我回到投行，也有两家投行询问我是否有兴趣过去带领它们的研究团队。一家银行还邀请我去负责它们的房地产银行业务。还有一家刚创业的对冲基金邀请我加入。

我很感谢这些邀请和建议。但是，我对卖方的工作已经没有兴趣了。我认为卖方的工作有太多限制，而且需要做太多的营销。有些人说，卖方分析师就像是"高级销售"。这是有一定道理的。我曾经喜欢这份工作，而且还持续工作了 11 年。但是，我不想再做了。

我在瑞银和里昂证券（CLSA）的前同事丹尼尔（Daniel Tabbush）在离开这行之后，最近写了本书来描述这个他工作了 20 多年的行业。在 *Quit & Run: My Wake Up Call on Wall Street* 一书中，他说，你从来都不会从卖方分析师口中听到"我不知道"这几个字。他是对的。我本人在做卖方分析师的时候，也不愿意说出这几个字。我在我的《一个证券分析师的醒悟》中也表达了类似的意思。

我同时认为，股票研究员的研究太短线。比如说，他们需要预测未来 12 个月的股价。这太难了。一家好的公司经常需要更长的时间来证明自己。

干投行的报酬是很丰厚，但同样需要太多的"营销"。我并不是反对这个，而是当行业产能严重过剩的时候，竞争就变得很恶劣和压抑了。

当然，我希望赚更多的钱。但是有时候我又认为，投行的人待遇过高了，可能比他们创造的价值高出很多。我已经受益于这个行业多年了，我很乐于给其他人让出一个位置。

在这里，我必须坦白。当我热忱地为我的客户通过 IPO 或者债券融资以后，如果我后来发现它们并不如我想的那么可信，我感觉很不好。如果我还是一个分析师的话，我很可能还会发布它的负面报告，即便是冒着打官司的风险。

我的现状

当我回到香港以后，好几家上市公司邀请我做它们的非执行董事。很明显，有人还是认可我的直言不讳。考虑到我的能力和精力，我接受了五家公司的邀请。其中一家是上交所上市的南京中商，其余四家是香港的上市公司。我也是华润元大基金的独立董事。此外，我还接受了两家正在排队 IPO 公司的邀请，同样都是独立董事的工作。

过了几个月的轻松生活之后，我现在稍微忙一点了。我帮一些上市公司做顾问。最近，我帮助一家民营企业卖了一个水泥厂，还帮一家上市公司做了可转债融资。我也做了点并购业务的中间人，帮他们牵线搭桥。

有意思的是，这其实就是投行的工作，只不过规模更小而已。我还跟朋友联手，在伦敦成立了欧洲总部：其实就是跟着客户走，希望做点跨境投资和咨询。我的两个孩子都到英国读书，我在英国和中国香港之间穿梭。

附录

中国影子银行的主要参与者

五个监管机构

1. 中国银行业监督管理委员会，简称银监会，从中国人民银行分出来，主要负责监管银行、信托公司、财务公司、租赁公司、消费金融公司、信用社等。

   官方网站：http://www.cbrc.gov.cn

2. 中国证券监督管理委员会，简称证监会，主要负责监管证券公司、基金公司、期货市场和证券市场等。

   官方网站：http://www.csrc.gov.cn/

3. 中国人民银行，即中央银行，主要负责国内货币政策。2008 年，中国人民银行和银监会共同发文，使得小额贷款行业合法化，而各级地方政府基本上照搬了它们所颁布的过分严苛的监管规则，使得小贷行业举步维艰。

   官方网站：http://www.pbc.gov.cn

4. 商务部和地方公安局，监管典当行。

5. 地方政府金融办公室，直接监管小额贷款公司、担保公司等。

小额贷款行业主要参与者

1. 国家开发银行，简称国开行。国开行在海外有很多分支机构，但在国内仅在省会有分行，主要是支持各类开发项目。国开行是给小贷公司借款最多的银行，万穗从成立起就得到了国开行的支持。

    官方网站：http://www.cdb.com.cn/

2. 瀚华金控，该公司在五个城市都成立了小额贷款公司：北京、天津、重庆、成都和沈阳。瀚华同时经营有担保公司。

    官方网站：http://www.hanhua.com.cn

3. 诺亚财富，国内重要的第三方融资中介之一。

    官方网站：http://www.noahwm.com

4. 中国平安集团，国内大型金融控股集团，旗下有银行、保险公司、证券公司、信托公司等。此外，它在深圳也有一家小额贷款公司。更重要的是，它通过强大的保险网络，提供信贷保证、消费金融服务和中小企业贷款服务。它成立了上海陆家嘴金融资产交易市场（陆金所，www.lu-fax.com），陆金所注册资本4亿元，是一个撮合小额借款人和投资者的网络平台。

    官方网站：http://www.pingan.com

5. 证大速贷，深圳的一家小额贷款公司，由证大房地产控股。

官方网站：http://www.zdcredit.com

6. 中安信业，大股东是保罗－希尔（Paul Theil），他曾是美国驻华大使和摩根士丹利的投资经理。
官方网站：http://www.zac.cn

7. 中兴微贷，中兴通讯（ZTE）旗下的公司，总部在深圳。其董事长唐夏曾在中安信业、建设银行和摩根士丹利工作过。
官方网站：http://www.zxfinance.com

8. 信托公司，国内的 67 家信托公司主要业务是高利率贷款和高风险投资。它们和 20 世纪八九十年代美国迈克尔－米尔肯的德崇证券类似。

致谢

在这里我主要想向三个人群表示我衷心的感谢。

首先，感谢瑞银和我的前同事们。我在瑞银三进三出，一共在那里工作了11年。我在瑞银遇到了我的女朋友（后来的妻子刘亚英Lillian）。2001—2002年，当我与格林柯尔和欧亚农业等财务造假公司斗智斗勇的时候，瑞银研究部给了我很大的支持。尤其感谢时任亚洲研究部主管Michael Oertli，1998年12月，我因为发表了关于中国政府扬基债券的诚实观点，结果被汇丰银行解雇，Oertli热忱地把我召回瑞银。

顺便说一下，直到今天我仍认为，汇丰银行在1988—1989年承销扬基债券是一笔"双输"交易！

当我在瑞银做分析师的时候，不论我是质疑通信公司的单向收费，还是我揭露上市公司的作假，瑞银总是坚定地支持我，甚至在我们的客户抱怨的时候，瑞银都一如既往地站在我身后。2010年，当时我是瑞银投行业务的副主管，由于一家公司管理层的不良行为（欺负我的同事），我决定放弃一笔几百万美元的生意，瑞银的领导们再一次支持了我。

我向你致敬，瑞银！

其次，我要感谢我的家人。当我离开家人去广州工作时，

我告诉他们不用担心。我们已经比周围的大部分人都要幸运得多
了。他们支持了我。

另外，我要感谢陈颖怡和郑雪梅，你们辛勤和出色的工作，
让本书增色不少。谢谢你们的工作！

最后，我要感谢本书的翻译黎木白，他的英文理解很到位，
中文写得很流畅。他降格为我做翻译，我很感激。我欠他一大
情谊。

赞助鸣谢 （排名不分先后）

海通国际证券集团有限公司

海通国际证券集团有限公司（"海通国际"或"集团"，股份代号：665.HK）成立于1973年，为海通证券股份有限公司（"海通证券"；股份代号：600837.SH；6837.HK）唯一的海外业务平台，海通证券是国内最具领导地位的证券公司之一。依托既有的经纪业务优势，海通国际致力为环球及香港机构客户以及个人投资者提供全面优质的服务，积极拓展多元化业务，主营业务包括经纪及零售孖展业务、企业融资、投资管理、固定收益、外汇及商品、结构性投融资以及股票衍生产品。

经纪及零售孖展业务
海通国际致力为超过16万名环球机构及个人投资者提供多元化的金融产品及投资服务，涵盖本地及环球证券及衍生产品交易、债券、外汇及贵金属、孖展融资及托管服务。集团连续13年被多家国际及香港专业机构评为"香港最佳证券商"。

企业融资
海通国际专注为环球上市公司及私人企业提供一站式的企

204　影子银行内幕：
下一个次贷危机的源头？（修订版）

业融资服务，包括首发上市担任保荐人、包销及配售、财务顾问服务。根据彭博信息，截至 2012 年，海通国际港股 IPO 发行数市场排名第 2 位，港股 IPO 承销额的市场排名第 7 位。

投资管理

海通国际具有丰富的资产管理经验和完整的投资产品及服务。海通国际在人民币产品领域保持领先地位，于 2012 年年初成功于香港推出首只 RQFII 产品，并成为 2012 年首家获得 QFII 及 RQFLP 资格的香港中资证券商，使集团于期内成为全球唯一同时拥有 RQFII，QFII，RQFLP 资格的中资机构。

集团财富管理部提供多元化的产品及服务，协助个人客户达成不同的财务目标及需要。

固定收益、外汇及商品

固定收益部于 2012 年年初成立，致力拓展多元化业务及平衡集团收入结构，业务主线为自营投资及固定收益产品、外汇及商品交易。集团通过深入分析和稳健策略确保在可控的前提下为集团带来稳定的收益。

结构性投融资

作为集团创新业务领域，结构性投融资已经成为海通国际核心业务之一。集团在质押融资及结构性投融资业务的拓展上取得明显成效，其中向企业客户的融资利息收入增长显著。获得首个 RQFLP 的资格后，集团在产业基金领域迈出坚实的一步，并已成立专注于中国内地的产业基金投资团队。

股票衍生产品

集团已成立股票衍生产品部，开辟传统经纪佣金以外的收入来源，在风险可控的情况下，灵活调配资金进行做市商、量化交易及另类投资等业务。

海通国际锐意成为世界知名的投资银行，持续创新及进步。作为海通证券唯一的海外业务平台，海通国际矢志成为在大中华区具有领导地位的现代化全能型投资银行。

中国金融国际投资有限公司

中国金融国际投资有限公司总部位于香港，2001 年 6 月香港联交所上市，MSCI 全球小型股指数系列之香港指数成分股（股票代码：00721.HK）。

发起筹建大陆小额贷款、金融服务、担保、资产管理公司几十家，项目总投资额逾 50 亿元，已形成小额信贷集群、金融服务集群、融资担保集群、资产管理集群、科技产业投资五大业务板块。

中国金融国际充分发挥立足香港资本市场的优势，着力打造涵盖金融、资本、投资领域的综合产业集群，努力成长为中国新金融服务领域的领先者。

图书在版编目(CIP)数据

影子银行内幕：下一个次贷危机的源头？ / 张化桥著. —修订版.
— 北京：中国人民大学出版社，2016.8
  ISBN 978-7-300-22693-4

Ⅰ. ①影… Ⅱ. ①张… Ⅲ. ① 金融产品—研究—中国 Ⅳ. ①F832.5

中国版本图书馆CIP数据核字（2016）第059860号

影子银行内幕：下一个次贷危机的源头？（修订版）

张化桥　著

黎木白　译

Yingzi Yinhang Neimu: Xiayige Cidaiweiji de Yuantou?

出版发行	中国人民大学出版社		
社　址	北京中关村大街31号	**邮政编码**	100080
电　话	010-62511242（总编室）	010-62511770（质管部）	
	010-82501766（邮购部）	010-62514148（门市部）	
	010-62515195（发行公司）	010-62515275（盗版举报）	
网　址	http://www.crup.com.cn		
	http://www.ttrnet.com（人大教研网）		
经　销	新华书店		
印　刷	北京联兴盛业印刷股份有限公司		
规　格	140mm×205mm　32开本	**版　次**	2016年8月第1版
印　张	6.75 插页2	**印　次**	2016年8月第1次印刷
字　数	130 000	**定　价**	45.00元